1   Hinweis Lanzarote... mal anders!

Von Andrea Müller

Der Inhalt dieses Taschenbuchs wurde mit größter Sorgfalt erarbeitet. Dennoch können Fehler nicht vollständig ausgeschlossen werden. Die Autorin übernimmt keine juristische Verantwortung oder irgendeine Haftung für eventuell verbliebene Fehler und deren Folgen.Alle Warennamen werden ohne Gewährleistung der freien Verwendbarkeit benutzt und sind möglicherweise eingetragene Warenzeichen. Alle (auch personenbezogenen) Abbildungen wurden nur für diesen Reiseführer explizit erlaubt. Eine Weiterverwendung / Weitergabe ist ausdrücklich nicht erlaubt. Das Werk einschließlich aller seiner Teile ist urheberrechtlich geschützt. Jede Verwertung - auch auszugsweise - ist nur mit Zustimmung der Autorin erlaubt. Alle Rechte vorbehalten.

Kommentare und Fragen sind herzlich willkommen:
Andrea Müller
Calle Las Cuevas, 91 – A2
E- 35542 Punta Mujeres, Provinz Las Palmas, Lanzarote
Web: www.lanzarote-mal-anders.de
mailto:ebook@lanzarote-mal-anders.de

Seitenanzahl Druckvariante: 92 Seiten
Anzahl Bilder: 17 Bilder / Karten

2 Impressum

Bibliografische Information der Deutschen Nationalbibliothek

Die Deutsche Nationalbibliothek verzeichnet diese Publikation in der Deutschen Nationalbibliografie; detaillierte bibliografische Daten sind im Internet über http://dnb.d-nb.de abrufbar

Herstellung und Verlag
BoD – Books on Demand, Norderstedt

ISBN: 9783752898163

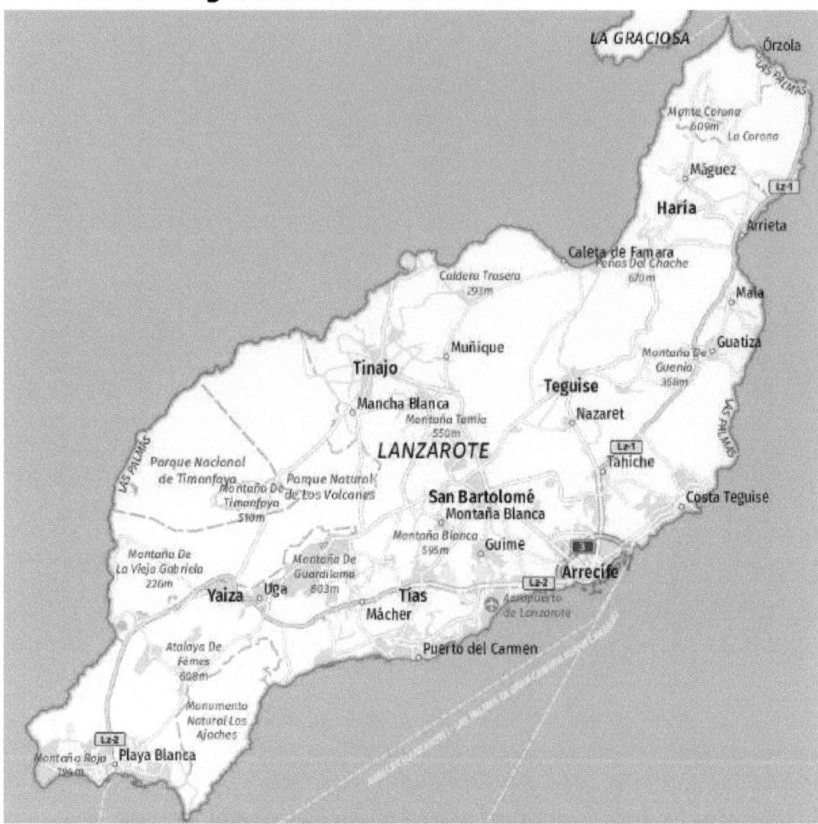

Lanzarote ist die zweitkleinste der ostkanarischen Inseln und besticht mit 300 Vulkanen, die in einer einmalig faszinierenden, kontrastreichen Landschaft eingebettet sind.

Der immerzu grüne, schroffe und fast unberührte Norden, trifft auf eine feinsandige Inselmitte, die im Süden in eine vulkanische Mond- und Kraterlandschaft mit Feuerbergen übergeht.

Zum Schutz der natürlichen Schönheit der Vulkaninsel und ihres kulturellen Erbes wurde Lanzarote am 07.10.1993 von der UNESCO zum Biosphärenreservat erklärt.

Dank des bedeutenden Inselkünstlers César Manrique blieb Lanzarote von den gravierenden Bausünden, die in den 1960- 1970 Jahren auf den Nachbarinseln Teneriffa und Gran Canaria stattfanden, nahezu verschont. Profitieren Sie von seinem einmaligen Engagement, um die vielen, kleinen weißen Dörfer zu entdecken und lassen Sie sich von seinem einzigartigen Schaffenswerk beeindrucken.

La Graciosa [1]

Ausblick auf La Graciosa [2]

Haría [3]

Arrieta und Punta Mujeres [4]

Jardín de Cactus [5]

Teguise[6]

Fundación [7]

Monumento al Campesino [8]

4 Die Kurzfassung von Nord nach Süd

4.1 *La Graciosa*

Die fünf Inseln Alegranza, Roque del Este, Roque del Oeste, Montaña Clara und La Graciosa gehören zur Inselgruppe Chinijo. **La Graciosa [1]** wird durch den 1,2 km breiten Meeresarm El Río von Lanzarote getrennt und ist die einzig ständig bewohnte Insel. Seit Oktober 2018 ist sie offiziell die achte Insel des Kanarischen Archipels.

Die Hauptstadt Caleta del Sebo, die zugleich Inselhafen ist, bietet Restaurants, Einkaufs- und Übernachtungsmöglichkeiten. Im Landesinneren erheben sich die Vulkane Las Agujas mit 266 m und Montaña del Mojón mit 188 m. Die Playa de las Conchas, die sich am Fuße des Montaña Bermeja mit 157 m befindet, gilt als schönster Strand der Insel. Eine Fähre setzt regelmäßig von dem nördlichsten Fischerdorf Órzola nach La Graciosa in 30 Minuten über.

4.2 *Mirador del Río*

Der Aussichtspunkt Mirador del Río liegt 475 m über der Steilküste in einem ehemaligen Militärposten. Das von César Manrique entworfene Gebäude bietet mit seinen Außenterrassen und den Blick durch die "Augen" eine fantastische Sicht auf vorgelagerte Insel **La Graciosa [2]**.

4.3 *Haría*

Die Gemeinde **Haría [3]** lebt nach wie vor von der Landwirtschaft. Rundherum werden Kartoffeln, Zwiebeln, Erbsen und Wein angebaut. Eine traumhafte Sicht haben Sie vom Mirador de Guinate auf die Küstenlandschaft und La Graciosa. Vom Aussichtspunkt Mirador de Haría genießen Sie einen fantastischen Blick auf den größten Palmenhain der Insel, der den Beinamen „Tal der Tausend Palmen" trägt. Jeden Samstag findet im Ortszentrum unter alten indischen Lorbeerbäumen ein großer Kunsthandwerkermarkt statt. Sehenswert ist der letzte Wohnsitz des Inselkünstlers, das Casa Museo César Manrique, die Werkstatt des letzten Korbflechters der Insel und das Kunsthandwerkerzentrum Taller municipal de Artesanía.

4.4 *Arrieta und Punta Mujeres*

Die an der Ostküste gelegene ehemalige Fischersiedlung **Arrieta [4]** ist mit dem Nachbarort **Punta Mujeres [4]** durch weißgekalkte Häuser geprägt. Neben dem großen Badestrand Playa de La Garita laden die kleinen Naturschwimmbecken Piscinas Naturales zum baden ein. Die Höhle Jameos del Agua ist Teil eines 6 km langen Lavatunnels, der vom Vulkan La Corona bis zum Meer verläuft und sich unter dem Meeresboden 1,5 km weiter fortsetzt. Im Inneren befindet sich eine Lagune, in der eine auf der Welt einzigartige weiße, blinde Krebsart lebt. Zum gleichen Teil des Tunnels gehört die begehbare Lavahöhle Cueva de los Verdes.

4.5 Guatiza

Das kleine Dorf Guatiza war das Zentrum der Schildlauszucht auf Lanzarote, indem Feigenkakteen angebaut wurden, um den roten Farbstoff Karmin herzustellen. Durch die Rückbesinnung auf natürliche Rohstoffe wurden die alten Kakteenfelder wieder aufgeforstet. Im Museum Museo de Cochinilla tauchen Sie in die Historie ein und werden kreativ in der neuen Asociación Milana tätig. Sehenswert ist der von César Manrique entworfene Kakteengarten **Jardín de Cactus [5]** mit über 1400 Kakteenarten.

4.6 Teguise

Teguise [6] war bis zum Jahr 1852 Inselhauptstadt. Seit Anfang des Jahres 2020 zählt sie zu den schönsten Dörfern Spaniens und trägt den Beinamen "La Villa"- das Städtchen. Im Zentrum liegt die Pfarrkirche Iglesia Nuestra Señora de Guadalupe von der Sie einen Stadtrundgang durch die Altstadt machen. Die Hauptattraktion ist der sonntägliche Markt Mercadillo de Teguise mit über 500 Ständen. Direkt über der Stadt thront auf dem Vulkanberg die ehemalige Festung Castillo Santa Barbara mit einem Piratenmuseum. In der großen Feriensiedlung Costa Teguise haben Sie den Sandstrand Playa de las Cucharas und die kleine Bucht Playa del Jabillo. In der dazugehörigen Gemeinde Nazaret befindet sich in einem Vulkanfelsen das damalige Anwesen des in den 1960- Jahren berühmten Schauspielers Omar Sharif. Er wurde als Doktor Schiwago und auch als Lawrence von Arabien bekannt.
Auf der Anhöhe von Los Valles liegt die kleine Ermita de Las Nieves von der Sie einen fantastischen Blick über die Insel bis hin zu Fuerteventura genießen. In Famara kommen Kitesurfer und Wellenreiter am über 4 km Sandstrand auf ihre Kosten.

4.7 Tahíche

Tahíche ist ein kleiner Vorort über der Inselhauptstadt Arrecife. Im Ortsteil Taro de Tahíche befindet sich die **Fundación César**

Manrique [7]. Dieses Haus hat unterirdische Lavablasen und zählt zu den absoluten Highlights Lanzarotes.

4.8 San Bartolomé

San Bartolomé liegt zwischen den Dörfern Tías und Uga am Rande des wichtigsten Landwirtschaftsgebietes La Geria mit dem größten Weinanbaugebiet der Insel.
Im geografischen Zentrum der Insel befindet sich die Nachbildung eines pittoresken, alten Bauerndorfes, dem Casa Museo del Campesino mit der hohen Fruchtbarkeitsstatue **Monumento al Campesino [8]**, die den Bauern der Insel gewidmet ist.
Das Landwirtschaftsmuseum El Patio in Tiagua zeigt verschiedene Mühlentypen sowie Feld- und Handwerksgeräte.
Im völkerkundlichen Museum Museo Etnografico Tanit wird eine Sammlung von Gegenständen ausgestellt, die in Laufe von fast 100 Jahren auf der Insel zusammengetragen wurden.

4.9 Arrecife

Die Haupt- und Hafenstadt Arrecife ist Sitz der Inselregierung und war Heimathafen der größten Fischfangflotte der Kanarischen Inseln.
Der ehemalige Schandfleck Arrecifes, ein 17- stöckiges Hochhaus wurde in das Grand Hotel Arrecife umgewandelt und ist der markanteste Punkt der Insel. Aus dem Café in der **17. Etage [1]** blicken Sie wunderbar über die Stadt bis Puerto del Carmen und Fuerteventura. Vor dem Hotel liegt der Stadtstrand Playa de Reducto, der bei Flut eine Augenweide ist.
Ein Wahrzeichen der Stadt ist die Kugelbrücke, die das Stadtzentrum mit der Festung Castillo San Gabriel verbindet. Die großen Kanonen vor dem Eingang stammen aus dem ehemaligen Militärposten des Mirador del Río. Von hier lädt die lange Einkaufsstraße Calle León y Castillo zum Shoppen und zum Besuch der Casa Amarilla mit insularen Wechselaustellungen ein.
Sehenswert ist die Kirche San Ginés mit den Figuren des Stadtpatrons und der Rosenkranzmadonna. Am angrenzenden malerischen Charco de San Ginés blicken Sie von den kleinen Restaurants auf unzählige Fischerbötchen.
Am nördlichen Stadtrand wurde die Festung Castillo San José mit Zugbrücke und Burggraben unter der Leitung von César Manrique zum Museum für zeitgenössischer Kunst Museo Internacional de Arte Contemporaneo MIAC umgebaut. Unweit davon befindet sich der Hafen Puerto de los Mármoles, in dem die großen Kreuzfahrtschiffe ankern.

4.10 Puerto del Carmen

Der einstige Hafenort **Puerto del Carmen [2]** ist Lanzarotes größtes Feriengebiet mit den langen Stränden Playa de Matagorda, Playa de los Pocillos, Playa Grande und der schönen Sicht auf Fuerteventura. Durch das Zentrum zieht sich eine unendliche Einkaufsmeile mit unzähligen Einkaufsmöglichkeiten, Kneipen und Restaurants.

4.11 Puerto Calero

Der schicke kleine Yachthafen **Puerto Calero[3]** bietet eine Auswahl an Restaurants und Boutiquen. Von hier starten unter andrem der Catlanza- Katamaran zu den Papagayostränden und das U- Boot, um in den Atlantik abzutauchen.

4.12 Montañas del Fuego

Der **Nationalpark Timanfaya [4]** in den Feuerbergen Montañas del Fuego ist die Hauptattraktion Lanzarotes. Am Islote de Hilario, vor dem Restaurant El Diabolo, endet die Zufahrtstraße der 50 qkm großen Vulkanlandschaft. Das Gebiet liegt oberhalb einer Magmakammer, deren Temperaturen bereits 10 m unter der Erde über 600 Grad erreichen. Eine atemberaubende Fahrt durch die Vulkanlandschaft, sowie beeindruckende Vorführungen folgen. Unweit der Zufahrt zum Timanfaya, am Echadero de Camellos, bietet sich die Möglichkeit eines Dromedarritts am Hang des Vulkans.
Das Besucherzenrum **Centro de Visitantes [5]** bietet eine Ausstellung und Filmvorführung zum Thema Vulkane. Zudem werden kostenlos geführte Wanderungen, wie die Tremesana- Wanderung durch den Nationalpark, angeboten. In Mancha Blanca befindet sich die Wallfahrtskirche Ermita de Nuestra Señora de los Dolores, die der Schutzheiligen der Insel gewidmet ist.

4.13 Yaiza

Der kleine Ort **Yaiza [6]**, der bei Schönheitswettbewerben schon mehrmals den ersten Platz gewonnen hat, ist Zentrum des gleichnamigen Gemeindebezirks. Fronleichnam werden große bunte Salzteppiche auf den Vorplatz der Kirche gestreut, in der Adventszeit wird ein Miniaturnachbau der Insel aufgestellt.
In der Umgebung an der Küste befinden sich 3 weitere Attraktionen: die Salinas de Janubio, das Naturschauspiel Los Hervideros und das Fischerörtchen El Golfo.

4.14 Femés

Das kleine Dorf **Femés [7]** liegt am Rand des naturgeschützten Bergmassivs Los Ajaches und ist die kürzeste Verbindung nach Playa Blanca. In einer Höhe von 350 m bietet der Vorplatz der Kirche eine unbeschreibliche Sicht über Playa Blanca bis nach Fuerteventura.

4.15 Playa Blanca

Erst seit Mitte der 1980- er Jahre hat sich die winzige Fischersiedlung Playa Blanca zum drittgrößten Feriengebiet der Insel entwickelt. Neben den künstlich angelegten Hauptstränden Playa Flamingo und Playa Dorada, zählen jedoch die **Papagayostrände [8]** mit ihren 7 unterschiedlich großen Badebuchten zum "non plus ultra". Im Hafen von Playa Blanca starten stündlich die Fähren nach Fuerteventura. Die schneeweiße Dünenlandschaft und die Strände in Corralejo zählen zu den Highlights der Nachbarinsel.

5 Die Besucherzentren- Centros de Arte, Cultura y Turismo

Sie können 9 Zentren besuchen, von denen 8 kostenpflichtig sind und bis zu 6 als Kombinations-Bono-Ticket ermäßigt gekauft werden können.
Im Norden der Insel, auf der Anhöhe des Risco de Famara, liegt der Aussichtspunkt **Mirador del Río [1]**, von dem Sie einen fantastischen Blick auf die vor gelagerte Insel **La Graciosa [2]** haben. Die Höhle **Cueva de los Verdes [3]** führt Sie durch einen langen Lavatunnel, indem Sie das **Herz der Erde [4]** erkunden. In den **Jameos del Agua [5]** können Sie in einer Höhle die weltweit einzigartigen, kleinen Krebse beobachten und vor einer genialen **Badelanschaft [6]** wunderschöne Fotos machen.Im Kakteengarten **Jardín de Cactus [7]** mit der pittoresken Windmühle sehen Sie über **1400 Kakteenarten [8]**.
Das kostenfreie Casa Monumento al Campesino mit dem Museumshaus des Bauern und der Fruchtbarkeitsstatue liegt im geografischen Zentrum Lanzarotes, von dem aus der Zugang zu jedem Punkt auf der Insel möglich ist. In der Nähe von Arrecife befindet sich in der alten Militärfestung Castillo San José das internationale Museum für zeitgenössische Kunst Museo Internacional de Arte Contempráneo – MIAC mit modernen Kunstwerken.Im Süden liegen im Nationalpark Timanfaya die Feuerberge Montañas del Fuego, die durch Vulkanausbrüche zwischen 1730 und 1736 entstanden.
Es werden unterschiedliche Kombinationstickets, sogenannte BONO-Tickets angeboten, mit denen Sie bis zu 10,55 € einsparen können.

Sie sind 14 Tage gültig. Kinder bis 6 Jahren sind frei, von 7- 12 Jahren wird der halbe Preis berechnet.

Bono 3 Zentren: 21€. Sie können aus Jameos del Agua, Montañas del Fuego und den Cueva de los Verdes, 2 Zentren auswählen. Dann müssen Sie sich zwischen dem Mirador del Río und dem Jardín del Cactus entscheiden.

Bono 4 Zentren: 28€. Hier sind die Jameos del Agua, die Cueva de los Verdes und die Montañas del Fuego enthalten. Als viertes Zentrum können Sie sich wieder zwischen dem Mirador del Río und dem Jardín del Cactus entscheiden. Maximale Ersparnis 6,80 €.

Bono 6 Zentren: 33€. Mit diesem Ticket können alle Zentren besucht werden.

Besuchszeiten: (Sommer: 1. Juli- 30. September)

Jardín del Cactus: ☺ Sommer 9- 17.45 Uhr, Winter 10- 17.45 Uhr

Mirador del Río: ☺ Sommer 10 - 18.45 Uhr, Winter 10- 17.45 Uhr

Montañas del Fuego: ☺Sommer 9-18.45 Uhr, letzte Fahrt: 18 Uhr, Winter 9- 17.45 Uhr, letzte Fahrt 17 Uhr

Museo Internacional de Arte MIAC: ☺ ganzjährig,10- 20 Uhr

Monumento al Campesino: ☺ ganzjährig,10- 17.45 Uhr

Cueva de los Verdes: ☺ ganzjährig 10-19 Uhr, letzte Besichtigung 18 Uhr

Jameos des Agua: ☺ ganzjährig, 10 - 18.30 Uhr

Die BONO- Tickets sind auf Nachfrage an allen Kassen der Zentren erhältlich. Nicht mit dem Bono- Ticket kombinierbar sind das Casa Amarilla in Arrecife mit temporären, insularen Ausstellungen und das Unterwassermuseum Museo Atlántico, für das ein Tauchschein erforderlich ist.

5.1 Mirador del Río

Im äußersten Norden ist der **Mirador del Río [1]** auf 475 m der höchste Aussichtspunkt Lanzarotes, der eine grandiose Aussicht auf die Klippen des Famaragebirges sowie auf die vorgelagerte Insel La Graciosa bietet. Das vom Inselkünstler César Manrique entworfene Gebäude wurde im Jahr 1973 fertiggestellt und besticht durch seine Vulkansteinfassade, die sich wie ein Kamelion der Umgebung anpasst und deshalb nicht offensichtlich wahrgenommen wird. Die schmiedeeiserne Stahlskulptur, eine Kombination aus Fisch und Vogel, schmückt den Eingang zum Mirador.

Ein geschlängelter Tunnelgang führt in zwei große Gewölbe, vor denen sich die großen Fensterfassaden, die sogenannten "Augen" des Aussichtspunktes befinden.

Auf die grandiose Aussichtsplattform, die in den tiefen Abgrund hinausragt, gelangt man durch die Seitentüren der Cafeteria. Hier schleicht sich durch das robuste Geländer das Gefühl ein, an einer Schiffsreling zu stehen und in Kürze die malerische Nachbarinsel La Graciosa anzulaufen.

Im hinteren Teil der Cafeteria führt die dynamisch geschwungene Wendeltreppe in die oberen Etagen des Miradors mit einem Souvenirshop, einer Sitzgelegenheit mit Aussicht auf den Monte Corona, dem höchsten Vulkan im Norden, und einer weiteren Aussichtsplattform, von der man erneut auf **La Graciosa [2]** blickt.

An klaren Tagen ist die Aussicht vom Mirador eine Augenweide, jedoch sieht man bei starker Bewölkung, abgesehen von tiefhängenden Wolken, absolut nichts. In diesen Fällen kann nur noch die Architektur des Aussichtspunktes bewundert werden.

Um die nahezu identische Aussicht auf La Graciosa zu genießen, parken Sie Ihren Mietwagen am Mirador del Río und gehen die kleine Straße auf der linken Seite vor dem Aussichtspunkt zu Fuß entlang. Alternativ biegen Sie in diese Straße links ein und passieren die Küste. Haltemöglichkeiten bieten kleine Parkbuchten und Mauerdurchbrüche auf der Landseite, an denen Sie das Fahrzeug abstellen können.

Nostalgie: Für die 1979 ausgestrahlte Weihnachtsserie im ZDF "Tim Thaler, das verkaufte Lachen", fanden die Dreharbeiten u.a. im Mirador del Río, dem Wohnsitz des Barons, statt. ☼ tägl. Sommer 10-18.45 Uhr- Winter 10-17.45 Uhr ⌂ ausgeschildert, LZ- 203- Carretera de Yé- 35541 Haria

5.2   *Las Cuevas de Los Verdes*

Das Höhlensystem Las **Cuevas de Los Verdes [4]** befindet sich im Norden der Insel und ist in die weite Vulkanlandschaft des Malpais de la Corona integriert. Als der Vulkan La Corona vor mehr als 3000 Jahren ausbrach bildete sich ein 6 Kilometer langer unterirdischer Vulkantunnel, der sich vom Vulkankegel bis hin zum Meer erstreckt. In diesem Tunnel befinden sich die Cuevas de los Verdes und weiter unten, kurz vor dem Meer, die Jameos del Agua.

Der Besuch der Höhle ist eine Reise ins flammende, erkaltete Herz der Erde, spektakulär und einzigartig zugleich.

Ein ca. 1 Kilometer langer Bereich kann besichtigt werden. Er besteht aus überlagerten Galerien mit vertikalen Verbindungen, die es erlauben, Ebenen aus unterschiedlichen Perspektiven zu erblicken. Sie sehen Lavakanäle, sowie feste Blöcke, die von der Lavaströmung mitgerissen wurden, Lavatropfen, Salinendepots und verfestigte

Lavaschichten. Das Gewölbe und die Wände erscheinen in spektakulären Farben [4].

Der Rundgang im Erdinneren dauert ca. 50 Minuten. Nachdem Sie das Ticket gelöst haben, werden Gruppen von etwa 50 Personen zusammengefasst. Nach einer kurzen Einweisung auf Spanisch und Englisch geht es dann auch zügig aus einem Mix von treppauf, treppab, wieder normal gerade aus, teils auch gebückt, durch die Höhle.

Im Inneren herrscht eine konstante Temperatur von 20 Grad. An besonders interessanten Punkten erfolgen kurze Erklärungen durch den Guide. Kurz vor Ende des Rundganges wird es dann noch einmal richtig spannend und faszinierend. Der Guide weißt auf ein sagenhaft tiefes Loch in der Höhle hin, mit der Ansage: "No Pictures, no Pictures, Kinder bitte zurückbleiben, take care", da die Absperrung aus einer nicht mal kniehohen Brüstung besteht. Alles Weitere erfahren Sie vor Ort.

① Achten Sie unbedingt auf festes Schuhwerk, Flip-Flops sind ungeeignet. Im gesamten Komplex befinden sich keine Toiletten. Auf die nächsten Örtlichkeiten treffen Sie vor den Cuevas de los Verdes an der Seite des Parkplatzes.

Hintergrundinformationen: Der innere Ausbau der Höhlen begann in den 1960-er Jahren und wurde im Jahr 1964 fertig gestellt. Die Beleuchtung wurde von Jésus Soto, einem der engsten Mitarbeiter von César Manrique, in Szene gesetzt. Er realisierte unter anderem auch das Lagomar und legte die Vulkanroute durch das Timanfayagebiet fest.

Wissenswert: Las Cuevas de los Verdes heißt übersetzt die "Höhlen der Grünen". Sie werden aber nicht so genannt, weil sie sich im grünen Norden der Insel befinden, sondern weil die Familie Verde, übersetzt mit "grün", damals hier lebte.

Als Lanzarote im 16. und 17. Jahrhundert unter Piratenangriffen litt, dienten die verworrenen Galerien der Höhle als Versteck und Zufluchtsort für die Einwohner der Insel. ☻ tägl. 10-19 Uhr, letzte Besichtigung 18 Uhr ⌂ ausgeschildert, LZ-1> LZ-204- 35542 Arrieta

5.3   Jameos del Agua

Das Höhlensystem **Jameos del Agua [5]** liegt im Norden, an der LZ- 1 Richtung Orzola und ist durch die Ausbrüche des Vulkans La Corona entstanden. Das Wort Jameos stammt aus dem Wortschatz der Ureinwohner, der Guanchen, und bedeutet Erdöffnung oder Vertiefung im Erdreich. Das Gesamtkonzept der Anlage wurde von César Manrique entworfen und im Jahr 1966 eröffnet.

Nach dem Eingang führt eine geschwungene Lavasteintreppe herab auf die erste Ebene des Jameos, die in einem Restaurant endet. Im hinteren Teil befindet sich ein harmonisch in die Höhlenwände eingefasster Barbereich, neben dem der beleuchtete Tunnelstrang, der direkt vom Vulkan La Corona kommt, in Szene gesetzt wurde. Vorbei an üppigen grünen Pflanzen, führt die nächste geschwungene Treppe direkt zum See mit den Krebsen.

Es handelt sich um eine kleine weiße, blinde Krebsart, die sonst nur in Tiefen von über 2.000 Metern vorkommt und maximal 1,5 cm groß wird.

Der Wasserspiegel des Sees sinkt und steigt mit den Gezeiten, da die Grotte, trotz fehlender Verbindung zum Meer durch Meerwasser, das durch das Gestein sickert, gespeist wird.

Ein schmalen Lavasteinweg für in den hinteren Teil des Jameos. Obwohl der See tief erscheint, ist er flach, da sich die hohe Decke auf der Wasseroberfläche beeindruckend widerspiegelt.

Etwa in der Mitte des Sees sieht man im Deckengewölbe eine Öffnung, durch die Tageslicht eindringt. Diese ist durch eine Explosion beim Kontakt der Lava mit dem Meerwasser entstanden, sodass die durchdringenden Lichtstrahlen sich auf der Wasseroberfläche spiegeln.

Auf der hinteren Seite des Sees angelangt, erblicken Sie die faszinierenden Reflektionen der Eingangsseite auf der Wasseroberfläche. Erneut laden Sitzgelegenheiten zum Verweilen ein. Seitwärts führen Treppen in die nächste Ebene mit einer Bar und Sitzgelegenheiten. Faszinierend ist, von wie vielen unterschiedlichen Ebenen die Lichtreflexionen im See und das dicke Lavagestein wahrzunehmen sind. Weitere Treppen führen in die nächste Ebene zum Außenbereich, auf der ebenfalls Treppenstufen eine kleine grüne Gartenlandschaft erschließen. Im Außenbereich liegt die zweite faszinierende Attraktion der Anlage: Eine, von schwarzen Monolithen durchsetzte schrill, alpinweiß leuchtende Poollandschaft mit türkisblauem Wasser. Sie bildet einen extremen Kontrast zu den dunklen Felsbrocken und verwandelt den Ort in eine Oase, die zum Fotoshooting einlädt. Die schräge hohe Palme reflektiert sich im Pool und macht alle Aufnahmen zum perfekten Fotomotiv [6].

Trepp abwärts auf der linken Seite, sticht die ausgefallene Barkreation, mit dicken schwarzen Lavasteinen, die als Sitzfläche der Barhocker dienen, ins Auge.

Links neben dem Pool führt der Weg zum Auditorium mit 600 Sitzplätzen in 19 aufsteigenden Reihen. Es liegt in einem beeindruckenden vulkanischen Tunnel, indem nach

Reparaturmaßnahmen wieder regelmäßige Veranstaltungen stattfinden.

Im Außenbereich führt erneut eine gewendelte Treppe zur Ausgangsebene. Von zwei großen Terrassen mit einer Bar genießt man einen fantastischen Blick über den gesamten Poolkomplex, auf das Meer und das Malpais de La Corona.

Von der rechten Terrasse gelangt man in das Haus der Vulkane Casa de los Volcanes, das seit Mitte 2019 renoviert wird. Zurzeit endet die Besichtigung im Souvenirshop der Anlage. ☻ tägl. 10-18.30 Uhr, ⌂ ausgeschildert, LZ-1> LZ-204, Carretera S/N- 35542 Arrieta

5.4   Jardín de Cactus

Der Kakteengarten **Jardín de Cactus [7]** befindet sich auf der Landstraße zwischen Guatiza und Mala. Bereits aus der Ferne erblickt man eine kleine Windmühle mit rotem Dach, die als Wegweiser dient. Vor dem Eingang thront der überdimensional große, 8 m hohe grüne Kaktus aus Stahl. Das Wahrzeichen der Anlage entwarf der Inselkünstler César Manrique.

Früher wurden im gesamten Gebiet zwischen Guatiza und Mala Koschenillen auf Kaktusfeigen gezüchtet. Ursprünglich stammen sie aus Mexiko und stellen ein Karmin her, dass seit den Azteken für das Färben von Stoffen, Lebensmitteln und Kosmetik verwendet wird. Im Jahr 1835 gelangten sie nach Lanzarote. Ableger der Kakteen wurden im Frühjahr gepflanzt und bei ausreichender Größe, mit Insekten infiziert. Im Sommer wurden sie vorsichtig mit Blechlöffeln geerntet. Das Verfahren der Trocknung und Reinigung, um die Koschenille im Ganzen zu erhalten, war akribisch und streng traditionell. Seitdem jedoch der rote Farbstoff künstlich hergestellt wurde, verlor die Zucht an Bedeutung. Momentan hat durch die Rückbesinnung auf natürliche Rohstoffe die Cochenillenzucht wieder ein Revival erfahren.

César Manrique machte sich eine aufgegebene Vulkangrube zu Nutze, um seine Vorstellung eines großen Kakteengartens zu realisieren. Es können mehr als 10.000 Pflanzen bewundert werden, zu denen mehr als 1.000 zu Kakteenarten und Dickblattgewächsen gehören. Der Garten hat die Form eines Amphitheaters mit angelegten stufenförmigen Terrassen **[8]**. In der Mitte der Anlage sind die Beete größer und mit riesigen Monolithen gestaltet. Im hinteren Teil befindet sich neben einem Souvenirshop eine Snack- Bar, in der man wunderbar entspannt bei einem Getränk verweilen kann, um nochmals die ganze Atmosphäre zu spüren. ☻ tägl. Sommer 10-18.45 Uhr- Winter 10-17.45 Uhr, ⌂ ausgeschildert, LZ- 1>LZ-1A – Avenida Garafia- 35544 Haria

5.5 Casa- Museo César Manrique

Das **Casa Museo César Manrique [1]** war der letzte Wohnort des bedeutenden Künstlers César Manrique. Es befindet sich in Haría und ist auf allen Straßenschildern im Ort ausgewiesen.

Im Jahr 1987 gab der Künstler sein damaliges Wohnhaus in Tahíche, den Sitz der heutigen Fundación César Manrique auf und zog in sein neues Haus nach Haría. Er baute es auf den Ruinen eines alten historischen Hauses, das dem Dorfarzt Paco Fierro gehörte auf und wohnte dort bis zu seinem tragischen Unfalltod.

Das 12.000 Quadratmeter große Grundstück ist übersät mit wuchtigen alten Palmen. Das Wohnhaus befindet sich im rechten vorderen Teil, das große Atelier des Künstlers liegt separat im hinteren Teil des Geländes.

Kleine, schwarze Lavasteinchen, die auf dem gesamten Anwesen verteilt sind, führen zum Eingang. Im kleinen Innenhof, dem sogenannten Zitronenhof, befindet sich auf der linken Seite die Kasse. Dort erhalten Sie einen Plan mit zusätzlichen Informationen über die Räume des Hauses. Leider dürfen im Haus keine Fotos gemacht werden, erlaubt sind nur Außenaufnahmen und Fotos im Atelier. Der Rundgang beginnt auf der rechten Seite.

Zunächst gelangen Sie in den Galeriehof, der von Manrique mit traditionellen alten Gebrauchsgegenständen gestaltet wurde. Auf der rechten Seite befindet sich in der oberen Etage ein pittoresker, traditionell gefertigter Holzgitterbalkon. Wenn Sie in das Gebäude eintreten, stehen Sie direkt im Ankleideraum für Gäste mit angrenzendem Badezimmer. Im Anschluss gelangen Sie vom Innenhof des Hauses in die Diele. Die schwere, dunkle Holzdecke und der mit Sternen verzierter Terrakottaboden erinnern an die traditionelle Architektur der Insel. Auf der linken Seite geht es zu einem Schlaf- und Badezimmer. Durch die ursprüngliche Anordnung der Gebrauchsgegenstände des Künstlers kommt permanent das Gefühl auf, dass César Manrique jeden Moment wieder zur Tür hereinkommen könnte. Im großzügigen Bad bildet der Innen- und Außenraum durch einen leichten Glasvorbau eine harmonische Einheit. Unzählige Kosmetikartikel auf der Ablage über den Waschbecken komplettierten das Gesamtbild.

Durch das Schlafzimmer zurück, vorbei an der Diele, gelangen Sie ins Wohnzimmer, dem größtem und zentralsten Raum des Hauses. Hier sind ein kleines Bad, eine Küche und ein Esszimmer angegliedert.

Das kleine innenliegende Bad wirkt aufgrund von umlaufenden Spiegeln und kreisförmigen Einlassungen in der Decke, taghell.

Die daneben liegende Küche ist im Landhausstil gehalten. Sie hat eine Durchreiche zum Wohnzimmer und besitzt einen Ausgang zu einer überdachten Pergola.

Das offene Wohnzimmer, mit Blick in den Außenbereich, wird von einem Kamin aus Basalt dominiert, der mit Tongefäßen dekoriert ist. Davor befindet sich eine gemütliche Sitzgruppe. Daneben steht auf dem Gestell eines alten Nähmaschinenunterbaus eine gefüllte Schnapsbar. Ein schwarzer Flügel mit unzähligen Fotografien rundet die Wohnzimmereinrichtung ab.

Im angrenzenden Esszimmer fand an dem langen Esstisch die erste Sitzung, in der die Gründung der César Manrique Stiftung beschlossen wurde, statt.

Im Außenbereich vor dem Pool grenzt ein weiterer Schlaf- und Badezimmerbereich an das Gebäude an.

Hinter dem Pool befinden sich zwei Sitzgruppen und Liegen, die von einer Pergola überdacht sind.

Abschließend besteht die Möglichkeit, sich eine Filmvorführung über den Künstler auf einem Flachbildschirm im Außenbereich neben dem Esszimmer anzusehen. Die gezeigte Reportage finden Sie auch auf YouTube: Taro, El eco de César Manrique.

Der weitere Weg führt zum **Atelier [2]**, das im hinteren Teil des Grundstückes liegt.

Hierher zog sich César Manrique täglich zum Arbeiten zurück. Die Werkstatt ist übersät mit Tischen voller Zeichnungen, Staffeleien, Dosen mit Acryllacken und den unterschiedlichsten Gegenständen. Alles wurde so erhalten, wie der Künstler es vor seinem Tod im Jahr 1992 hinterlassen hatte. ☻ ganzjährig 10.30- 18 Uhr, ⌂ ausgeschildert, Calle Elvira Sánchez, 30- 35544 Haria

5.6 *Castillo San José*

Das internationale Museum für zeitgenössische Kunst Museo Internacional de Arte Contemporáneo MIAC befindet sich in der Burg **Castillo San José [3]**, die als Militärfestung diente. Sie wurde im 18. Jahrhundert während der Herrschaft des Bourbonen Carlos III. errichtet.

Aufgrund der Initiative von César Manrique wurde das baufällige Gemäuer in ein Museum umgeplant und im Jahr 1975 eröffnet. Der Künstler leitete persönlich die Umbauarbeiten und die Erschließung, veränderte aber kaum die Innenstruktur der Burg. In den Nebengebäuden entwarf Manrique ein Restaurant, das den auffälligsten Eingriff in die Architektur der alten Festung darstellt.

Die Bezahlung erfolgt im Container auf der linken Seite von der Burg.

Über die alte Zugbrücke erfolgt der Zugang ins Gebäude. Beeindruckend sind die dicken Gewölbemauern, indem sich temporäre Kunstaustellungen befinden.

Folgen Sie der Treppe in die obere Etage, blicken Sie vom Industriehafen Muelle de Los Mármoles bis hin auf das höchste Gebäude der Stadt, indem sich das Gran Hotel Arrecife befindet.

Im Untergeschoss, das man über eine geschwungene Treppe erreicht, befindet sich das Restaurant QUÉ MUAC.

Vom Restaurant gelangt man Trepp aufwärts durch eine weitere Galerie wieder zum Eingangsbereich.

① Auch ohne Museumsbesuch erreichen Sie das Restaurant **QUÉ MUAC [4]** über die Außentreppe, die links am Museum herabführt. ❷ ganzjährig 10- 20 Uhr, ⌂ ausgeschildert, Carretera los Castillos- 35550 Arrecife

5.7 *Fundación César Manrique*

Die **Fundación César Manrique [5]** wurde im Jahr 1982 vom Inselkünstler mit einer Gruppe seiner engsten Freunde ins Leben gerufen und im Jahr 1992 offiziell eingeweiht. Es handelt sich um eine private, kulturelle Stiftung, die sich finanziell selbst trägt, keinen Erwerbszweck hat und die künstlerische Tätigkeit im natürlichen und kulturellen Umfeld fördert.

Das Anwesen mit dazugehörigen Wirtschaftsgebäuden und Garagen wurde von César Manrique persönlich umgestaltet, um es als Museum im Rahmen seiner Stiftung zu nutzen.

Der Komplex steht auf einem 30.000 qm großem Grundstück, das von tiefschwarzen Lavaströmen durchzogen ist, die bei starken Vulkanausbrüchen in den Jahren 1730 bis 1736 entstanden sind.

Das Gebäude wurde auf fünf großen, unterirdischen Lavablasen errichtet. Die reine Wohnfläche beträgt 1.800 qm, zu denen noch 1.200 qm Terrassen und Gartenanlagen gehören.

Das obere Stockwerk ist eher schlicht im Stil der herkömmlichen Architektur Lanzarotes gehalten, jedoch bemerken Sie bei genauer Betrachtung, dass Manrique die Natur vollkommen in das Haus integriert hat. Das Untergeschoss ist pure Faszination. Fünf große Lavablasen wurden über kleine Höhlengänge durch Basaltgänge miteinander verbunden und bewohnbar gemacht. Im grünen Außenbereich befindet sich ein Erholungsbereich mit Pool, Tanzstelle, Sitzecke und Grill. Im letzten Teil des Hauses treffen Sie auf das große Atelier des Künstlers.

Folgend eine detaillierte Beschreibung: Die ausgeschilderte Fundación liegt an der LZ- 1 in Tahiche. Bereits auf dem Parkplatz befindet sich auf der linken Seite ein großes weißes Windspiel. Es trägt den Namen La Energía de la Pirámida, die Energie der Pyramide. Der Blick reicht von hier bis zum Gran Hotel Arrecife und auf die weißen Dünen von Corralejo in Fuerteventura.

Weiter geht es durch das von Manrique entworfene Eingangstor zum Bezahlhäuschen, das sich auf der linken Seite befindet. Sie gehen an einem typischen Lavasteinfeld mit halbrunden Lavamauern wie im Weinanbaugebiet La Gería vorbei, folgen einem bunten Windspiel auf der rechten Seite und einer erodierten Skulptur und kommen auf den Eingang des Hauses zu. An der aus dunklem, massivem Holz gefertigten Eingangstür hängt ein kleines Türschild, in Form eines Schlüssels mit der Aufschrift Manrique. Nun betreten Sie den kleinen Innenhof, indem die oberen Öffnungen von zwei Lavablasen auf der rechten Seite zu sehen sind. Aus einer dieser Öffnung ragen die Zweige einer Palme. An den Wänden hängen weiße Knochen und Gegenstände, die als Dekoration dienen.

Weiter geht es nach links direkt ins lichtdurchflutete Wohnzimmer mit angrenzender damaliger Küche, in der sich eine kleine Bilderausstellung befindet. Abgesehen vom direkten, fantastischen Blick auf die Lavaströme mit den dahinterliegenden Vulkanen, fallen sofort die kreisrunden Geländer im Wohnzimmer auf. Hier besteht eine direkte Verbindung zu den darunterliegenden Vulkanblasen. Die größere, aus der ein Baum ragt, war der Erzählung nach, die Blase, die Manrique als erste im schwarzen Lavafeld entdeckt hatte. Bei näherer Betrachtung stellte er fest, dass aus einer Lavablase ein **Feigenbaum [6]** wuchs.

Von der dahinterliegenden Geländerbrüstung führt eine schmale Wendeltreppe, die leider nicht zugänglich ist, direkt in die Vulkanblase, die sich unter dem Wohnzimmer befindet.

Vorbei an einer Spiegelwand führt der Rundgang zunächst in den Außenbereich. Von hier blicken Sie über die schwarzen Lavafelder bis auf die schneeweißen Strände von Fuerteventura.

Auf dem Weg zum nächsten Ausstellungsraum erblicken Sie links unten den begrünten Poolbereich des Hauses. Im Gebäude angekommen eröffnet der Raum durch seine große Fensterfront einen Weitblick auf die faszinierende Lavalandschaft.

Hier befindet sich eine Dokumentation zu den lanzarotenischen Werken von César Manrique: Mirador del Rio, Jameos del Agua, Restaurant El Diablo im Timanfaya- Nationalpark, Jardín de Cactus und Museo Internacional de Arte Contemporáneo. Weiterhin werden Ansichten eines Entwurfs des Friedhofsportals mit Garten in Cadíz, ein Grundriss des Mirador del Río und des Mirador El Palmarejo auf La Gomera, sowie Aquarellzeichnungen gezeigt.

Auf der rechten Seite des Raumes ist eine Tafel mit seinen berühmtesten Werken angebracht: 1968- Jameos del Agua in Haría, 1968- Taro de Tahíche in Teguise, 1969- Casa del Campesino in San Bartolomé, 1970- Restaurante El Diabolo im Nationalpark Timanfaya, 1971- Complejo Costa Martíanez in Puerto de la Cruz auf Teneriffa, 1973- Mirador del Río in Haría, 1974- Castillo San José in Arrecife, 1977- Auditorio De Los Jameos Del Agua in Haría, 1982- La Vaguada in Madrid, 1989 Mirador de La Peña in Valverde auf der Insel El Hierro, 1990- Jardín del Cactús in Teguise, 1991- Jardín de Palmajero in Valle Gran Rey auf La Gomera und 1992- Playa Jardín in Puerto de la Cruz auf Teneriffa.

Über einen Flur, mit hellen Böden und Wänden, einem in der Wand eingelassenem Lavabecken, über dem sich ein grüner Farn befindet, gelangen Sie in das Wohnzimmer des Anwesens.

Hier befindet sich frontal, ein aus Lavasteinen gefertigter Kamin und rechts daneben die Wedeltreppe, die ins Untergeschoss zu den Lavablasen führt.

Zwei Stufen führen in die nächsten Räume. Im Ersten fällt sofort ein wandgroßer Spiegel auf der linken Seite auf. In zwei Ecken geht der Fliesenspiegel nicht bis zur Wand durch. Hier wurden Pflanzen in Vulkanasche eingelassen, sodass man das Gefühl hat, die Pflanzen würden aus dem Fußboden wachsen. Erneut werden die "grünen Ecken" durch von der Decke abgehängte Farne betont.

Der zweite Raum zeigt eine Ausstellung mit Skizzen zu Entwürfen, Zeichnungen, kleinen Skulpturen und Tonarbeiten des Künstlers.

Rechts heraus, gelangen Sie nun über eine seitlich bepflanzte Lavatreppe in das Untergeschoss zu den Vulkanblasen.

In der ersten Blase kommen Sie an einem kleinen, schwarzen Kieselsteinbrunnen vorbei und gehen durch den ersten Basaltgang in die zweite Blase. Hier befindet sich eine an der Wand entlang eingelassene, weiße Sitzgruppe mit einem Marmortisch und einer Palme.

Faszinierend ist, dass die Palme aus der offenen Blase herausragt. Sie treffen auf eine harmonische Kombination aus verschiedenen Farben und Lavaschichten.

In der nächsten Blase wurden drei rote Sitzgruppen angeordnet. Nun befinden Sie sich direkt unter dem Wohnzimmer. Mittig steht der Baum, den Manrique auf dem Lavafeld gesehen hatte. Im hinteren Teil der Blase führt die schmale Wendeltreppe ins Wohnzimmer hinauf.

Vorbei an einem Badezimmer geht es weiter zum **Innenhof [7]**, der ebenfalls vulkanischen Ursprungs ist und üppig mit Palmen und Kakteen bepflanzt ist. Hier befinden sich eine im Felsen versteckte

Sitzgruppe, eine Grillstelle und ein kleiner schneeweißer Pool mit türkisblauem Wasser.

Nun verlassen Sie die grüne Oase durch einen **Basaltgang [8]** und kommen in die vierte Blase, die von 4 Eckpfeilern gestützt wird. Der Durchgang führt nach unten in die letzte Blase. Auch hier ist wieder ein Baum mittig angeordnet, der mit seiner Spitze aus der Blasenöffnung ragt. Die Sitzgruppen und die Leuchten sind gelbweiß kariert. Erneut wurden Pflanzen mit Vulkansteinchen in den weißen Boden eingelassen.

Von der letzten Blase geht es direkt in das große, ehemalige Atelier Manriques, indem eine Dauerausstellung des Künstlers präsentiert wird.

Auf der linken Seite ragt ein großer Lavafelsbrocken in den Raum, der lediglich durch eine Gasscheibe von draußen getrennt ist.

Sie werden das Gefühl haben, direkt in einem Lavafeld zu stehen. In allen weiteren Räumen ragt aus jeweils einer Ecke ein dicker Lavabrocken.

Bei Verlassen des Ateliers, können Sie auf der rechten Seite ein von Pflanzen fast verdecktes, Badezimmer sehen. Treppaufwärts liegen auf der linken Seite die öffentlichen Toiletten.

Der Weg führt weiter in einen großen Innenhof mit einem kleinen schwarzen Weiher. In der Mitte plätschert das Wasser aus einem Lavabrocken. Ein langes, großes buntes Wandbild des Künstlers ziert die linke Mauer. Für die Umrisse wurden kleine Vulkansteinchen und für die Innenflächen Fliesenstückchen verwendet.

Hiernach liegen auf der linken Seite in den ehemaligen Garagen eine Snackbar, gefolgt von einem Souvenirshop. Die angrenzenden, überdachten Sitzgelegenheiten laden zum kurzweiligen Verweilen ein.

☻ ganzjährig 10- 18 Uhr, ⌂ ausgeschildert, LZ-34- Calle Jorge Luis Borges,16- 35507 Tahiche

5.8   Lagomar- Casa Omar Sharif

Das ehemalige Haus von Omar Sharif, oder wie es heute genannt wird, das **Lagomar [1]** liegt direkt in und vor einem Vulkan, der sich oberhalb des Dorfes Nazaret befindet. Man fährt die LZ- 10 Richtung Teguise, biegt am Schild MUSEO ein und folgt dem Straßenverlauf bis zum "abgebrochenen Berg".

Am Hang des Vulkanes, in einem alten Steinbruch, wurde in den 1970-er Jahren dieses einzigartige **Anwesen [2]** von César Manrique entworfen und von Jésus Soto umgesetzt. Die Künstler erschufen ein Märchen wie aus 1000 und einer Nacht.

Zur Legende: Als der Schauspieler Omar Sharif während seiner Dreharbeiten zum Film "Herrscher einer versunkenen Welt" das Haus besichtigte, war er von dessen Faszination so überwältigt, dass er sich sofort zum Kauf entschloss. Jedoch nach dem berüchtigten Bridgespiel, in dem er das Haus verloren hatte, gelang es in die Hände verschiedener Eigentümer. Es wird erzählt, dass ein Immobilienhändler über das leidenschaftliche Bridgespielen Sharifs Bescheid wusste und ihn zu einem Spiel aufforderte. Ohne zu wissen, dass sein Gegner europäischer Meister war, setzte Sharif sein neu erworbenes Haus aufs Spiel, im Glauben die Partie zu gewinnen. Er verlor und verließ sein Haus, das er nur einen Tag besessen hatte und kehrte nie wieder nach Lanzarote zurück. Seither ist das Anwesen als Casa Omar Sharif bekannt.

1984 bereiste der deutsche Architekt Dominik Böttinger die Kanarischen Inseln und fühlte sich als er auf Lanzarote ankam, von der Magie des Hauses angezogen. Nach fünf Jahren war er der neue Besitzer des Anwesens und kehrte mit seiner Frau auf die Insel zurück, um die letzte Phase des Lagomars in Angriff zu nehmen.

Gefesselt von der Einzigartigkeit dieses Ortes, beschloss das Ehepaar ihn der Öffentlichkeit zugänglich zu machen. Dazu sollte in einem Teil des Steinbruches ein Restaurant entstehen. Sie hatten die Vision einen Raum zu erschaffen, der alle Sinne erfreut und in dem Kunstausstellungen, Gastronomie und Konzerte stattfinden sollten.

Und wieder war es César Manrique, der dem Architektenehepaar beratend zur Seite stand, sodass das Lagomar im Jahr 1997 eröffnet werden konnte.

➊ Der Besuch des Anwesens ist absolut empfehlenswert und bildet eine Symbiose aus allen sehenswerten Objekten, die Manrique und Soto auf der Insel umgesetzt haben. Ein weiteres Highlight ist der weiße Röhrentunnel, durch den Sie auf Holzstufen über das Wasser schreiten können. Da sich das Anwesen erhöht im Steinbruch befindet, genießen Sie eine fantastische Sicht bis Arrecife, das am höchsten Gebäude, dem Grand Hotel wiederzuerkennen ist. Nach der Besichtigung verstehen Sie, warum sich Omar Sharif in das Anwesen verliebte.

➍ wechselnd- Google, ⌂ ausgeschildert, LZ-10> Calle los Loros,2- 35539 Nazaret

5.9 Castillo de Santa Bárbara - Museo de la Pirateria

Das Piratenmuseum befindet sich in der Burg **Castillo de Santa Bárbara [3]** in Teguise. Sobald Sie sich der alten Inselhauptstadt nähern, entdecken Sie das Castillo oberhalb der Stadt auf einem Vulkanberg.

Sie fahren die geschlängelte Straße bis zur Burg hoch und können direkt vor dem Eingang das Auto abzustellen. Von dort genießen Sie einen wunderbaren **Blick über Teguise [4]**. Bei klarer Sicht blickt man auf Costa Teguise, Arrecife, Fuerteventura und die Feuerberge bis hin auf die Insel Graciosa.

Um damals die Inselbevölkerung vor Piratenangriffen zu beschützen, baute man im 16. Jahrhundert eine Festung auf den Überresten eines kleinen Forts aus dem 14. Jahrhundert auf.

Jedoch wurden der Festung durch die Belagerung von Piraten so große Schäden zugefügt, dass die spanische Krone die Rekonstruktion der Burg veranlasste. Nach 10- jähriger Bauzeit wurde das Castillo im Jahr 1596 fertiggestellt. Im Jahr 1991 wurde die Burg nach zweijähriger Renovierung zu einem Museum umfunktioniert.

Der Zugang erfolgt über eine breite Steintreppe mit dicken Metallketten. Eine kleine Zugbrücke führt direkt in den Innenhof. Auf der linken Seite liegt die Kasse. Nach der Bezahlung erhalten Sie einen Flyer mit kurzen Informationen zur Geschichte.

Die Ausstellung bietet alles, was hier über Piraten zusammengetragen werden konnte: Segelschiffmodelle, darunter ein Kriegsschiff aus dem 18. Jahrhundert mit Minikanonen an Bord, einer alten Schiffsglocke, einem Lot, einem Sextanten und unter anderem auch alte Revolver.

Weiterhin schmücken bunte Plakate mit kurzen Informationen über folgende Piraten die Räume: Francis Drake, Jean Fleury, Woodes Rogers, Walter Reigeigh, Morato Arráez, Le Clerc und Sores, George Clifford, Robert Blake, Tabac Arraez und Soliman. Die Informationen auf den Plakaten sind nur auf Spanisch und Englisch geschrieben.

Im Untergeschoß des Gebäudes findet eine Filmvorführung mit dem Titel „Nelson en Canarias", wie Admiral Nelson Santa Cruz auf Teneriffa erobern wollte, statt. Vom Obergeschoss haben Sie erneut einen fantastischen Blick über die ganze Insel.

✪ wechselnd- Google, ⌂ ausgeschildert, LZ-10> Calle Herrera y Rojas,5- 35530 Teguise

5.10 Das Bauerndenkmal- Monumento al Campesino

Das Bauerndenkmal **Monumento al Campesino [5]** befindet sich an der Landstraße LZ- 20 in der Gemeinde San Bartolomé und liegt im geographischen Zentrum der Insel, von dem man Zugang zu allen Punkten der Insel hat. Bereits aus der Ferne erblickt man die große weiße Skulptur, die das Wahrzeichen dieses Ortes ist. Sie steht auf einem Lavasteinhügel, ist nur 15 Meter hoch, sticht aber umgehend ins Auge.

Nach der Entwurfszeichnung von César Manrique, die auch in der Fundación CM zu sehen ist, wurde die Konstruktion im Jahr 1968 von seinem engsten Mitarbeiter Jésus Soto realisiert. Die aus Wassertanks alter Fischerboote zusammengeschweißte Skulptur wird als Fruchtbarkeitsdenkmal bezeichnet und stellt einen Bauern mit seiner Ziegenherde dar.

Direkt hinter dem Monument befindet sich das **Bauerndorf [6]**. Die Anlage ist pittoresk weiß, klein und gepflegt. Sie folgen dem Weg nach rechts und kommen in den belebten Innenhof. In den 10 nebeneinanderliegenden Ateliers findet täglich der neue nachhaltige Markt Mercado Autóctono sostenible, kurz MAS statt.

In der Agricultura Ecologica kaufen Sie Bio- Lebensmittel und verköstigen frisch gepresste Säfte oder Inselweine. Im nächsten Atelier können Sie in einem Workshop aromatische Salze und Öle herstellen und Seifen kaufen. In der Bodega steht erneut Inselweise zur Probe bereit. Im Atelier Queso- Mermelada nehmen Sie an einer Verköstigung von hausgemachten Marmeladen, Ziegenkäse und Mojo- Soßen teil. In der Artesania de Cuero sehen Sie bei der Herstellung von Lederwaren zu und können sogar Sandalen mit Ziegenfell erwerben. Im Atelier Mojo- Rosetas stellen Sie Mojo- Soßen selbst her und fertigen Ihr eigenes Armband oder Lesezeichen aus Naturrohstoffen. In der angrenzenden Sombrerería steht eine große Auswahl an handgefertigten Hüten zur Verfügung. In der Ceramica sehen Sie Jochín bei der Herstellung von authentischer kanarischer Keramik zu, oder gestalten mit ihm Ihr eigenes Tonsouvenir. Im Atelier Tinte con Cochinilla erwerben Sie Textilien, die mit der natürlichen Cochenillen- Farbe eingefärbt wurden, oder kaufen den Farbstoff zum Mitnehmen. Im benachbarten Raum nehmen Sie an einem Workshop zur Verarbeitung des typischen Gofio- Mehls teil. Der Souvenirladen des Zentrums rundet das Einkaufsangebot ab. ☻ Mo- Sa 10-17.45 Uhr, je nach Künstler auch So, 15. Juli- 15. Sept 9-17.45 Uhr, ⊕Workshops: Dauer 20- 30 min., ♟ 3 € p.P.

Die große Wendeltreppe in der Mitte des Bauerndorfes führt durch ein "schwarzes Erdloch" in den unteren Teil des Komplexes. Der anschließende Lavasteingang endet in einem großen Restaurant, das in erster Linie von organisierten Busrundreisen zur Mittagspause genutzt wird. Schreiten Sie nun die große Treppe hoch, gelangen Sie in **das Café des Monumento al Campesino [7]**.

Das schöne Ambiente lädt zum verweilen ein. Die Preise sind angemessen, sodass man am Wochenende überwiegend Insulaner antrifft. Neben traditionellen Gerichten bietet die Speisekarte inseltypische Tapas, von denen eine kleine Auswahl in der Theke präsentiert wird: marinierte Oliven, eingelegter Käse und Fisch, marinierte Thunfischwürfel, Stockfisch, Pulpo, marinierte Tomaten, russischer Salat und mit Thunfischsalat gefüllte Tomaten.
☻ ganzjährig 10- 17.45 Uhr, ⌂ ausgeschildert, Kreuzung LZ-20+ LZ-30-35559 Mozaga

5.11 Casa Amarilla - Arrecife

Das **Casa Amarilla [8]**, das sogenannte gelbe Haus, befindet sich in der Calle León y Castillo, am Anfang der Haupteinkaufsstraße in Arrecife.

Das Gebäude war der ehemalige Sitz der Inselregierung. Es wurde in den 1920-er Jahren erbaut, im Jahr 2002 zum Kulturgut vom besonderen Interesse erklärt und in im Jahr 2014 aufwendig saniert. In den Ausstellungsräumen finden temporal wechselnde Präsentationen statt, die die Inselgeschichte widerspiegeln. ① Aktuelle Ausstellung unter: www.cactlanzarote.com ☻ wechselnd-Google, ⌂ Calle León y Castillo, 6- 35550 Arrecife

6   La Graciosa- Die kleine Perle vor Lanzarote

Die 27 Quadratkilometer kleine Insel La Graciosa liegt an der Nordküste vor Lanzarote. Sie war bis zum Ende des 19. Jahrhunderts unbewohnt, danach wurde eine kleine Fischfabrik erbaut und die ersten Menschen siedelten sich an. Ab jenen Moment überwanden die Einwohner die schwierigen Lebensbedingungen, die eine Insel ohne Trinkwasser, mit starken Winden und schwer bebaubarem Land mit sich brachte. Jahrelang war der traditionelle Fischfang die einzige Einnahmequelle die voraussetzte, dass man den El Río, die Meeresenge zwischen Lanzarote und La Graciosa, überquerte, um den Fisch zu verkaufen und vom Erlös Trinkwasser und andere Nahrungsmittel zu erwerben.
Jahrelang kämpften die Inselbewohner hartnäckig darum, dass ihre Insel offiziell die "achte Insel" des Archipels wird. Im Oktober 2019 wurde das Ziel erreicht und La Graciosa als achte Insel anerkannt.
Aktuell leben auf der Insel 748 Menschen. In den Sommermonaten gesellen sich noch um die 4000 Touristen hinzu. Die überschaubare Gemeinde besitzt stattliche 150 Autos. In der "Hauptstadt" Caleta de Sebo findet man ein kleines Arztcenter, eine Post, eine Apotheke,

einen Fischladen, die Hafenverwaltung, ein Gesundheitszentrum und 3 Supermärkte. In der einzigen Inselschule werden weniger als 40 Kinder unterrichtet. Seit kurzem haben mehrere Restaurants, sowie ein Aloe Vera Museum eröffnet.

La Graciosa [1] können Sie sich bereits von Lanzarote ansehen. Vom Mirador del Río genießt man einen fantastischen Blick auf die Insel, sowie auf die dahinterliegenden, unbewohnten Inseln Montaña Clara, Roque del Oeste und Alegranza.

Von Órzola können Sie mit der Fähre von Lineas Maritimas Romero übersetzen. Es befinden sich ausreichende Parkmöglichkeiten am Anleger, die durch Parkeinweiser zugewiesen werden. Die Überfahrt dauert nur 30 Minuten.

Die ersten 10 Minuten sind, je nach Wellengang etwas wackelig, nach den großen Felsen am Ende von Lanzarote begibt sich das Schiff in seichtere Gewässer.

Im Hafen angekommen können Sie die Insel zu Fuß, mit dem Leih-Fahrrad, oder geführt mit dem Jeep erkunden.

Zu Fuß sind es zum ersten Strand El Salado nur 700 m, die man in 10 Minuten zurücklegt.

Den zweiten Strand, La Francesa, der sich im Süden befindet, erreicht man nach 2,8 km in 40 Minuten, sowie den südlichsten Strand, die Playa de La Cocina, nach 3,8 km in 55 Minuten.

Zur südlichsten Spitze El Pobre gelangt man nach 7,4 km in 2 Stunden.

Zur Senke El Corral, die im Westen der Insel liegt, sind es 4 km, die man ab dem Hauptort in 1 Stunde und 10 Minuten erreicht.

Zum Strand Las Conchas sind es 5,1 Km, für die man 1 Stunde und 20 Minuten benötigt. Nach Pedro Barba sind es 6,4 km, die man in 1,4 Stunden schafft.

Mit dem Fahrrad, der Verleih liegt direkt gegenüber dem Anleger, geht es natürlich schneller, aber Sie sollten bedenken, dass es sich auf der Insel lediglich um Sandpisten handelt. So sind es dann zum El Salado 4 Minuten, zum La Francesa 15 Minuten, zum El Corral 30 Minuten, zum Las Conchas 35 Minuten, nach Pedro Barba 40 Minuten und zum El Pobre 50 Minuten. Auf der rechten Seite des Hafens starten die Jeep- Touren. Angeboten werden einfache, Hin- und Rückfahrten zu den Stränden, die je nach Entfernung und Personenzahl, bei den Fahrern zu erfragen sind.

6.1 La Graciosa- Komplette Insel-Tour

Die Abfahrtstation der Jeeps befindet sich im Hafen auf der rechten Seite. Nicht wie auf dem Plakat angegeben, machen die autorisierten

Fahrer die ganze Inselrundfahrt für 50,00 €. Die Tour für die rechte oder linke Inselseite kostet jeweils 50,00 €, für die gesamte Tour werden 100,00 € verlangt.

Die gesamte Inseltour beinhaltet folgende Orte:
- Pedro Barba
- Playa Lambra
- Caleton de los Arcos
- Playa de las Conchas – bis hier würde die halbe Inseltour gehen
- Baja Corral
- Caleton de las Hurtas
- Montaña Amarilla
- La Laguna
- Playa Francesa

Die Tour startet durch den Hauptort Caleta del Sebo der Insel.

Eine Sandpiste führt durch den Ort nach Pedro Baba, einem winzigen Ort mit kleinen Häusern, die nur in den Sommermonaten bewohnt werden.

Pedro Barba [2] war der erste bewohnte Ort auf der Insel. Am Ende der kleinen Siedlung steht ein Haus, das damals eine Schule für 4 Schüler beherbergte, dahinter liegt der Friedhof.

Nach einer kurzen Pause geht es in Richtung Playa del Ambra weiter. Dieser Inselabschnitt ist vergleichbar mit der schneeweißen Dünenlandschaft in Corralejo, im Norden Fuerteventuras, jedoch als Miniaturausgabe.

Der nächste Stop findet vor dem Caleton de Los Arcos statt, zudem man zu Fuß vom Guide geleitet wird. Das Naturschauspiel erinnert an Los Hervideros auf Lanzarote.

Auf der Weiterfahrt Richtung Montaña Bermeja entlang der Küste, wird der traumhafte Sandstrand Playa de las Conchas angefahren.

Über die Baja del Corral und dem Caleton de las Hutras führt die Tour zum Montaña Amarilla.

Da die Piste nicht komplett um die Insel führt fährt der Jeep die gesamte Strecke zurück zum Ausgangspunkt mit dem neuen Ziel Playa Francesa.

Fährzeiten: www.lineasromero.com

Órzola- La Graciosa: 8.30/ 10.00/ 11.00/ 12.00/ 13.30/ 16.00/ 18.00 Uhr. Vom 01. Mai bis zum 31. Oktober 19.00 Uhr und vom 01. Juli bis 20. Oktober 20.00 Uhr.

La Graciosa- Órzola: 8.00/ 8.40/ 10.00/ 11.00/ 12.30/ 15.00/ 16.00/ 17.00 Uhr, sowie vom 01. Mai bis zum 31. Oktober um 18.00 Uhr und vom 01. Juli bis zum 20. Oktober um 19.00 Uhr.

7   La Geria

Das über 5 Hektar große Weinanbaugebiet **La Geria [3]** befindet sich im Zentrum der Insel und erstreckt sich zwischen den Orten Yaiza und San Bartolomé am Rande des Timanfaya- Nationalparks. Es ist das größte Weinanbaugebiet auf den Kanarischen Inseln und wurde zum Naturschutzgebiet erklärt.

Bei den schweren Vulkanausbrüchen in den Jahren 1730 bis 1736 kam in diesem Gebiet eine bis zu 2 m dicke Vulkanascheschicht nieder. Diese Schicht aus kleinen Lavasteinchen nennt man Picón. Sie besitzt die Eigenschaft, dass die geringe Feuchtigkeit, die sich bei starker Wolkenbildung ergibt nicht abfließt, sondern sofort im Boden versickert und so von den Pflanzen aufgenommen werden kann.

Diesen Vorteil machten sich sowohl damals als auch heute die Insulaner für den Weinanbau zugute. Um die Reben vor den kontinuierlichen, unterschiedlich starken Winden zu schützen, wurde um jede Pflanze eine halbkreisförmig niedrige Mauer aus Lavasteinen angelegt. Somit ist das gesamte Gebiet von La Geria von diesen steinernen in der Mitte mit Weinreben umschlossenen Halbkreisen, bis in die Vulkanberge hinein übersät.

Genauso verfährt man auch heute noch, um Getreide und Gemüse anzupflanzen, nur dass man außerhalb dieses Gebietes die Lavasteinchen auf Felder schüttet, um sie nutzbar zu machen. Deshalb sollten Sie sich außerhalb dieses Gebietes nicht wundern immer wieder große schwarze Lavafelder vorzufinden.

Die beeindruckende Fahrt durch das Weinanbaugebiet führt vorbei an vielen kleineren und größeren Bodegas: El Campesino, El Grifo mit Weinmuseum, Stratus, Rubicon und La Geria.

Tipp: Besuchen Sie das Weingut, die Bodega Los Bermejos, mit prämierten Weinen. Am Monumento al Campesino biegen Sie links Richtung La Geria auf die LZ-30 ab. Kurz nach dem Ortsschild El Islote, folgt eine Gabelung der Straße, mit dem Hinweis auf das Weingut.

Weinverköstigungen werden auf Nachfrage angeboten. Los Bermejos ist in weiß, rosé und rot, sowie als Sekt erhältlich. Laut vielen Lanzaroteños ist er der beste Wein der Insel. ☻ wechselnd- Google, ⌂ ausgeschildert, La Florida- LZ-30- Camino a los Bermejos,7- 35550 San Bartolomé

8 Die Feuerberge

8.1 Wallfahrtskirche Ermita de Los Dolores

Die Wallfahrtskirche **Ermita de Nuestra Señora de Los Dolores [4]** gilt auf Lanzarote als das Zentrum der Marienverehrung und ist eine der wichtigsten auf den Kanarischen Inseln. Sie befindet sich im Ort Mancha Blanca, der zur Gemeinde Tinajo gehört.

Laut Geschichte: Im September des Jahres 1730 öffnete sich die Erde im Timanfayagebiet, sodass Lavaströme die Dörfer und die fruchtbaren Täler in dieser Zone zerstörten. Es starteten Vulkanausbrüche, die fünf Jahre anhielten. Im Jahre 1735 bewegten sich die glühenden Lavaströme über den Ort Mancha Blanca auf Tinajo zu.

Aus Angst vor der Zerstörung ihrer Häuser, schritten die Bewohner des Dorfes in einer Prozession unter der Leitung des Pfarrers Esteban de la Guardia mit der Statue der Virgen de Los Dolores auf die Lava zu. Einer der Wallfahrer rammte ein schweres Holzkreuz vor dem Lavastrom in die Erde und die Lava kam zum Stillstand. Aus Dankbarkeit gelobten die Bewohner von Tinajo an dieser Stelle der Jungfrau eine Wallfahrtskirche zu errichten. Jahre später erschien die Jungfrau dem Schäfermädchen Juana Rafaela und erinnerte an dieses Versprechen. Die Bewohner beantragten im Jahr 1779 die Genehmigung zum Bau der Kirche, die im Jahr 1782 fertig gestellt wurde.

Jedes Jahr findet die Wallfahrt zu Ehren der Madonna am 15. September statt. Da samstags prozessiert wird, kann sich das Datum um einige Tage verschieben.

In der Kirche hält der Priester die Heilige Messe ab, danach wird die Statue vor die Kirche getragen, wo die Festlichkeiten beginnen.

Das verschlafene Dorf verwandelt sich an diesem Tag in eine Mischung aus Prozession, Kirmes und Markt.

Viele Lanzaroteños kleiden sich für die Wallfahrt Romería de Los Dolores in typischer Landestracht ein und pilgern von ihren Wohnorten in Gruppen zu Fuß nach Mancha Blanca.

In den letzten Jahren hat sich das bunte Treiben zu einem Event mit angeschlossener kleiner Kirmes und mehreren Buden entwickelt. Auch die große Kunsthandwerkerausstellung Feria de Artesania de Lanzarote findet zur gleichen Zeit statt.

TIPP: Die kleine, schlichte Kirche ist auf jeden Fall einen Besuch wert, da sie zur Geschichte der Insel gehört. Sollten Sie um den 15. September auf der Insel sein, erkundigen Sie sich nach dem genauen Datum der Romeria und schauen sich das sehenswerte Spektakel an.

Ebenfalls interessant ist der Kunsthandwerkermarkt, auf dem nicht nur die Lanzaroteños, sondern auch die Bewohner der Nachbarinseln ihre Werke verkaufen. ☉ Ermita ganzjährig- täglich, ⌂ Calle Virgen de los Dolores, 10- 35560 Tinajo

8.2 Timanfaya Besucherzentrum- Centro de Visitantes

Ein eiserner Feuerteufel markiert den Anfang des Nationalparks Timanfaya. Aus den schwarzen Lavamassen sticht an der LZ-67 das große weiße Besucherzentrum Centro de Visitantes aus den Geröllmassen hervor. Das moderne Zentrum informiert in einer Dauerausstellung über die Vulkaninsel und bietet viel mehr als man annehmen könnte. 2 angelegte Terrassen führen Sie in unberührte Lavafelder. Ab 09.45- 14.45 Uhr erfahren Sie in einer 40- minütigen Filmvorführung alles über Vulkanausbrüche. Die visuelle und akustische Simulation der Timanfayaausbrüche sollten Sie auf keinen Fall das flammende **Höllenspektakel [5]** verpassen. Die deutsche Führung findet um 10.30, 12.30 und um 14.30 Uhr statt. ⓘ Ab dem Besucherzentrum startet die Tremesana- Wanderung, die Sie ausschließlich über das Internet reservieren können. ☉ ganzjährig 9- 16 Uhr, ⌂ LZ-67- 35560 Tinajo

8.3 Tremesana- Die Wanderung durch den Nationalpark

Nach wie vor bestehen Fehlinformationen, dass man einfach zum Centro de Visitantes, dem Besucherzentrum in Mancha Blanca fahren kann, um durch den Nationalpark zu wandern.
Ich erkundigte mich im Büro des Zentrums, woraufhin mir mitgeteilt wurde, dass alle großen Reiseführer lediglich schriftlich eine Anfrage bezüglich des Ablaufes der Wanderung gestellt hatten, die auch beantwortet wurde. In nicht aktualisierten Führen trifft diese Auskunft nicht mehr zu, da diese vor den 1996-er Jahren gestellt wurden.
Ich hatte mich für die **Tremesana- Route [6]** auf Spanisch entschieden, da es noch exakt einen Platz gab. Die englische Führung war bereits ausgebucht. Als ich im Zentrum eintraf, wurden nach kurzer Zeit die Namen der Teilnehmer aufgerufen und man musste sich mit Namen, Geburtsdatum und Passnummer in eine Liste eintragen und unterschreiben, so denke ich, es war auf Spanisch, dass man körperlich fit ist. Da mein Name nicht deutscher als deutsch sein kann, fragte mich der Guide, als er „Müller" rief und ich mich setzte, ob ich überhaupt der spanischen Sprache mächtig wäre. Nach 10 Sätzen und einigen Scherzen war klar, dass mein spanisch, aus seiner Sicht ausreichend war.

Und dann ging es auch schon los. Ich stieg mit meinem Guide, eine freundliche sympathische Frau und der Gruppe, wir waren 8 Personen, in den Jeep, der vor dem Zentrum geparkt war, ein. Die englisch sprachige Gruppe saß im 2. Jeep daneben.

Wir fuhren Richtung Timanfaya, an den Kamelen vorbei, Ziel Yaiza. Bereits bei der Abfahrt berichtet die Reiseführerin ausführlich über die Geschichte Lanzarotes und die Vulkanausbrüche. In Yaiza angekommen, ging es dann einen holprigen Weg entlang, bis zu einer Schranke, die sie öffnete, um in den Nationalpark zu kommen. Der Jeep wurde abgestellt und unsere Wanderung begann.

Superinteressant und informativ, auf halber Strecke begegneten wir der englisch geführten Gruppe.

Man konnte Fragen stellen, an besonders interessanten Stellen machte die Gruppe halt und die Reiseführerin gab ein Wissen preis, das ich so auch noch nicht hörte. So wurde u.a. ein riesiger Monolith, der sich neben dem Montaña Colorada befindet, an dem ich bereits mehrmals war, 20 km weit geschleudert.

Was ich auch bis dato nicht wusste, ist, dass man über die erstockten Lavafelder, die sich z.B. im Bereich des Monumento al Campesino befinden, nicht bedachtlos laufen darf, da die Lava unterirdisch Blasen hätte werfen können und man, sobald die Lavaschicht zu dünn ist, einbrechen und sich verletzten könnte.

Die Exkursion endete nach ca. 2 Stunden auf der Höhe von El Golfo, wo wir in den Jeep der anderen Gruppe einstiegen und zum Zentrum zurückfuhren.

Mein Fazit: Die Tremesana- Wanderung, die kostenlos durch den Nationalpark durchgeführt wird, ist ein absolutes Muss für Lanzarote-Fans und die es noch werden möchten. Ein echtes Erlebnis!

Leider werden die Führungen nur auf Englisch und Spanisch angeboten. Für die spanische Führung wird ein fließendes spanisch vorausgesetzt, ein „Hola, que tal?" reicht nicht aus. Zudem wäre es zu schade und unfair den angagierten Mitarbeitern des Nationalparks gegenüber, sich die Informationen entgehen zu lassen.

Wichtig zu wissen: Rufen Sie die Internetseite des Nationalparks unter:
www.reservasparquesnacionales.es auf und wählen Sie die Route. Reservierungen, können je nach Auslastung nur bis 2 Monate vorher erfolgen. Teilnehmeralter: ab 16 Jahren.

8.4 Timanfaya Feuerberge- Montañas del Fuego

Die Feuerberge **Montañas del Fuego [7]** auch Timanfaya genannt, liegen im Südwesten der Insel und gehören zu einem großen Gebiet, das durch Vulkanausbrüche zwischen 1730 und 1736 und später im Jahr 1824 betroffen wurde. Dieser lange, eruptive Prozess änderte das Erscheinungsbild der Insel drastisch. Nahezu ein Viertel Lanzarotes wurde unter einer dicken Schicht aus Lava und Asche begraben.

Die Vulkanlandschaft hat einen Gesamtumfang von 174 Quadratkilometern, jedoch nimmt der als Nationalpark geschützte Teil in denen die bedeutesten Ausbrüche stattfanden, nur eine Fläche von 51 qkm ein. Diese erstreckt sich im Osten von der Ortsgrenze Yaiza bis zum Montaña Timanfaya, die Westgrenze bildet die Küste. Hier entstanden 32 Vulkankegel.

Die besonderen klimatischen Bedingungen der Insel führten dazu, dass die vulkanische Landschaft so gut wie immer noch unverändert ist und das Timanfayagebiet im Jahr 1974 zum Nationalpark erklärt wurde.

Zwischen den Jahren 1726 und 1730 herrschten starke Erdbeben und unterirdisches Grollen, das bei den Einwohnern Panik hervorrief. Auf der Suche nach Schutz begaben sie sich nach Teguise und Arrecife. Der Ausbruch begann gegen Ende des Sommers 1730, am Abend des ersten Septembers. Die Ereignisse von damals sind in den Chroniken eines außergewöhnlichen Augenzeugen niederlegt worden, dem Pfarrer von Yaiza Don Andres Lorenzo Curbelo.

Er schilderte: "Zwischen neun und zehn Uhr abends öffnete sich mit einem Male in der Nähe von Timanfaya, nur zwei Meilen von Yaiza, die Erde. Während der ersten Nacht erhob sich ein gewaltiger Berg aus dem Schoss der Erde und aus seinem Gipfel entflohen Flammen, die 19 Tage brannten".

Das war der Anfang des wichtigsten vulkanischen Prozesses der Kanaren. Er währte sechs Jahre mit unterschiedlich wechselnder Intensität und wurde von Lavaflüssen, mit einer Temperatur von mehr als 800° und gewaltigen Ascheregen, die jegliches Leben auslöschten, gezeichnet.

Im historischen Manuskript des Pfarrers ist folgender Bericht zu lesen: „Am 18. Oktober 1730 bildeten sich drei neue Öffnungen über Santa Catalina und aus ihnen entstiegen Dampfmassen, die sich über die ganze Insel ausbreiteten, in Begleitung von Schlacke und Asche, die sich in der gesamten Umgebung verteilte. Die Explosionen, die diese Phänomene begleiteten, die durch Aschemassen produzierte Dunkelheit und der Rauch, der die gesamte Insel einhüllte, trieben mehr als einmal die Einwohner von Yaiza in die Flucht".

Heute, fast 300 Jahre später, pulsiert immer mehr Leben inmitten der Lava. Es wurden an die 800 Tier- und Pflanzenspezies registriert. Der Großteil davon auf dem Land, die übrigen im Meer. Unter den

Organismen, die direkt auf Felsen leben, befinden sich in erster Linie Vögel, Eidechsen und vor allem verschiedene Flechtenarten, sowie einige nachtaktive Insekten, die sich von mikroskopisch kleinen Partikeln ernähren, die vom Wind herangetragen werden. Es handelt sich in erster Linie um Käfer und Grillen, die möglicherweise eine große Ähnlichkeit zu den Arten hatten, die vor Millionen von Jahren auf die Insel gelangten, als Lanzarote aus dem Meer auftauchte.

1824 fanden die letzten Vulkanausbrüche statt. Ihnen ging eine 10 Jahre lange Periode voraus, in der auf der Insel zahlreiche Erdbeben mittlerer Intensität registriert wurden. Die Besonderheiten dieser Eruptionen waren die Dünnflüssigkeit der Lava und die enormen Säulen kochenden Salzwassers, die in einer Höhe von bis zu 30 Metern aus den Kratern herausschlugen und die Gegend überschwemmten.

In dieser Phase bedrohte der letzte der Lavaströme das Dorf Mancha Blanca. Aus der Not heraus, liehen sich die Bewohner die Statue der Virgen de Los Dolores, der Kirche im benachbarten Ort Tinajo, aus. Und das Wunder geschah. Ein Holzkreuz wurde in die glühende Lava gerammt, die kurz darauf zum Stillstand kam.

8.5 Eiland Hilario- Islote de Hilario

Entlang des Timanfaya entwickelten sich ungewöhnliche, aus der Erde stammende Temperaturen auf der Oberfläche, die die Vulkanforscher als geothermische Anomalien bezeichnen. Das Zentrum befindet sich oben auf dem Eiland Hilario, auf dem den Zuschauern mehrere Vorführungen präsentiert werden.

Der Legende zufolge trägt das Eiland seinen Namen von Hilario aus Lanzarote, der dort allein mit seiner Kamelstute wie ein Einsiedler lebte. Hilario pflanzte einen Feigenbaum, der gedieh, aber niemals Früchte trug, weil "die Blüte sich nicht von der Flamme ernähren konnte".

Eine Hommage an die Legende befindet sich im Restaurant El Diablo: Im Inneren sehen Sie einen offenen, verglasten Kreis mit Kamelknochen und dem Geäst eines **Feigenbaums [8]** auf schwarzem Picon.

8.6 Timanfaya- Vulkanroute- La Ruta de los Volcanes

Im Inneren des **Nationalparks [1]** erstreckt sich eine über 14 km lange Route, die ausschließlich mit dem Bus befahren wird. Sie wurde im Jahr 1968 unter der Leitung von César Manrique und Jésus Soto realisiert. Die Linienführung der Straße ist harmonisch der Landschaft angepasst und verläuft entlang der Vulkanausbruchszone. Auf der beeindruckenden Tour sehen Sie an kleine Öfen, Höhlen und stark erodiertes, trockenes unfruchtbares Land.

① Nachdem Sie im Nationalpark Timanfaya mit dem Auto angekommen ist und den Eintritt bezahlt hat, fahren Sie bis zum Sammelparkplatz hoch. Dort steigen Sie mit dem Eintrittsticket in die Busse des Nationalparks ein, um durch die einzigartige Vulkanlandschaft gefahren zu werden. Entgegen mancher Behauptungen existiert keine andere Möglichkeit. Gäste, die mit organisierten Busfahrten unterwegs sind, steigen auch nur wieder in ihren Reisebus ein, der die gleiche Strecke abfährt.

8.7   Timanfaya- Restaurant El Diablo

Im Jahr 1970 wurde das **Restaurant El Diablo [2]** unter der Leitung von César Manrique genau an dem Punkt errichtet, an dem die thermischen Anomalien am stärksten sind. Es liegt auf dem Islote del Hilario im Timanfaya- Nationalpark und wurde vor der Erklärung des Gebiets zum Nationalpark gebaut.

Gekocht wird mit natürlicher Erdwärme. Der Küchenherd ist ein sechs Meter tiefes Loch in Form eines Brunnens aus dem Hitze aufsteigt, um darüber auf einem großen Rost das Grillgut zu garen. Für den Bau wurden ausschließlich Materialien verwendet, die den hohen Temperaturen standhalten. Im kreisrunden Restaurant genießt man durch die großen Fensterflächen eine fantastische Aussicht auf das Timanfayagebiet.

Zu den Spezialitäten zählen halbe, gegrillte Hähnchen, Sardinen, marinierte Hähnchenschenkel, Hähnchenbrust, gemischte Spieße, Entrecote, Rinderfilet und Lammkoteletts. Wichtig: Ein Besuch des Restaurants ist nur in Verbindung mit dem Eintrittspreis für den Nationalpark möglich.

8.8   Nationalpark Timanfaya- auf eigene Faust oder organisiert?

Grundsätzlich bestehen zwei Möglichkeiten die Feuerberge zu besichtigen: Auf eigene Faust im Mietwagen oder mit einer organisierten Busreise.

Je nach Besucheransturm kann es zu langen Autoschlangen <u>nach</u> dem Tickethäuschen im Park kommen, sodass man sich auf Wartezeiten von bis zu fast einer Stunde einstellen muss. Mit dem Reisebus ist es problemloser, da diese sofort durchgelassen werden.

Nach dem Ticketschalter fahren Sie bis zum Parkplatz hoch, stellen das Fahrzeug ab und gehen in Richtung Restaurant, vor dem Vorführen durch Angestellte des Nationalparks stattfinden.

Um die immense Hitze des Erdreiches zu demonstrieren, bekommen Sie kleine Steinchen in die Hand gelegt. Danach wird Stechginster verbrannt und imposante Wasserfontänen aus Erdlöchern gelassen.

Am Ende der Vorführung werden Sie zu einem Riesengrill geleitet, auf dem in einem sechs Meter tiefen Brunnen, Hähnchenschenkel, Spieße und Würstchen ausschließlich mit Erdwärme gegrillt werden.

Gäste der organisierten Reisen kehren zurück in die Reisebusse, die Autofahrer steigen in die Sammelbusse des Nationalparks um. Leider ist es nicht mehr möglich, mit dem Auto selbst durch das Gebiet zu fahren. Vor Abfahrt wird die Eintrittskarte vom Busfahrer entwertet. Dann folgt eine 45- minütigen Reise durch die faszinierende Timanfaya Landschaft. Der Weg, den man mit dem organisierten Reisebus oder mit dem Sammelbus zurücklegt, ist identisch.

Im Timanfaya- Sammelbus wird nun eine 3 sprachige CD mit der Geschichte zu den Vulkanausbrüchen mit musikalischer Untermalung eingelegt. Die Sprachen sind spanisch, englisch und deutsch.

An der Endstation angekommen besteht noch die Möglichkeit im Souvenirshop einzukaufen. Die geführten Touren lassen ihren Gästen in den meisten Fällen noch 30 Minuten bis zur Weiterfahrt Zeit.

Anders ist es für diejenigen, die mit dem eigenen Fahrzeug unterwegs sind. Nach Lust und Laune kann man sich erneut die Feuervorführungen ansehen, oder auch im Restaurant „El Diablo" essen gehen.

8.9   Kamelritt- Echadero de los Camellos

Der Kamelruheplatz **Echadero de los Camellos [3]** befindet sich an der Hauptstraße, die durch das Timanfaya- Naturschutzgebiet führt.

Umgehend erblicken Sie wartende Kamele, besser gesagt Dromedare und Karawanen, die sich mit Touristen auf den Höckern auf den Weg machen, um sich kostenpflichtig durch die Lavalandschaft schaukeln zu lassen.

Auf der rechten Seite des Parkplatzes befinden sich ein kleines Snack- Café mit der Möglichkeit Souvenirs einzukaufen, öffentliche Toiletten, sowie eine kleine kostenfreie Ausstellung zum Thema: Timanfaya und Kamele-, wie die Tiere eingesetzt wurden, um die Arbeit in der Landwirtschaft zu erleichtern. ✪ Tägl. 9-16 Uhr, ⌂ LZ-67

❶ Alternativ können Sie einen Kamelritt auch bei Lanzarote Safari machen, wo Sie zusätzlich den "Kamelführerschein" mit Foto und als Geschenk einen Hut bekommen. ✪Tägl. 10.30-17.30, im Sommer bis 18.30 Uhr, www. lanzarotesafari.com, ⌂ LZ-2, km 17, 35570 Uga

9   Lago Verde- Laguna de los Clicos

Kurz vor dem Fischerort El Golfo befindet sich der Lago Verde mit der **Laguna de los Clicos [4]**. Um den "grünen See" zu entdecken, fahren Sie die Straße nach El Golfo runter und parken kurz vor Ortseingang auf der linken Seite.

Am Ende des Parkplatzes beginnt der Weg, der bergauf nach ca. 10 Minuten zum See führt.

Die Lagune befindet sich sichelförmig im Bogen eines teilweisen, im Meer versunkenen Vulkankraters, in etwa dreißig Meter Entfernung zur Küste. Die leuchtend grüne Farbe hat der See dem Einfluss der Alge Ruppia Maritima zu verdanken, die im extrem salzhaltigen Wasser der Lagune optimale Lebensbedingungen findet.

Obwohl die Lagune unterirdisch mit dem Meer verbunden ist und immer wieder mit frischem Meerwasser aufgefüllt wird, verdunstet sie immer mehr und hat schon einen beträchtlichen Teil ihrer ursprünglichen Größe eingebüßt. Der See wurde unter Naturschutz gestellt und ist mit Seilen abgesperrt. Das Betreten und Baden sind verboten. Dennoch sollten Sie sich das farbenreiche Naturschauspiel nicht entgehen lassen.

Im anschließenden Fischerdorf El Golfo laden unzählige Restaurants zum Fischessen ein. ☻ Tägl., ⌂ LZ-703

10   Los Hervideros

An der Südwestküste, zwischen den Salinen de Janubio und dem Fischerort El Golfo, befinden sich die bizarren Felsformationen **Los Hervideros [5]**.

Hervidero bedeutet "brodeln", sodass es offensichtlich ist, warum dieser Küstenabschnitt so genannt wird. Gerade wenn die rauen hohen Wellen des Atlantiks gegen die Gesteinsmassen schlagen, hat es den Anschein als ob das Wasser immer noch kocht.

Die Landschaft entstand bei den letzten großen Vulkanausbrüchen zwischen 1730 und 1736, als sich die heißen Lavamassen des Timanfayas ins Meer ergossen und rapide erstarrten.

Auf schmalen Wegen gelangen Sie zu den kleinen, ausgebauten Plattformen, von denen Sie das Spektakel aus nächster Nähe beobachten können.

Ausschließlich bei starker Brandung erlebt man ein fantastisches Naturschauspiel der herannahenden Wellen, die sich durch die Felsplatten zwingen und als meterhohe Fontänen in die Luft schießen.

Im Hintergrund beeindrucken die hohen Vulkankrater der Montañas del Fuego. ☻ Tägl., ⌂ LZ-703

11   Salinen von Janubio- Las Salinas de Janubio

Auf Lanzarote existieren nur noch zwei Salinen. Im Norden sind es die Salinas del Río, im Westen die **Salinas de Janubio [6]**. Oben an der Hauptstraße haben Sie einen wunderbaren Blick über die gesamte Anlage.

Die Salinen von Janubio sind die größten der Kanarischen Inseln und zählen zu den bedeutesten der Welt. Sie existieren seit dem Jahr 1895 und wurden von dem Salinenbauer Victor Fernandez geplant. Die Anlage wurde aus vulkanischem Gestein erbaut und steht unter Denkmalschutz.

Damals wurde das Wasser von 5 Windmühlen mit Schaufelrädern, die auf unterschiedlich hohen Steinsockeln standen, aus der Lagune geholt. Inzwischen geschieht dieses durch Elektromotoren.

Das Wasser läuft durch einen Hauptkanal und gelangt über Nebenkanäle in die unterschiedlichen Verdunstungsbecken. Danach erfolgt die mehrmalige Umfüllung in andere Becken, wodurch der ursprüngliche Salzgehalt von 4 auf 20 % gesteigert wird. Dann wird das Wasser in Kristallisationsbecken umgefüllt. Nach ca. 3 Wochen trennt sich das Salz von der Sole.

In den Monaten März bis Oktober wird dieser Prozess bis zu 14 Mal wiederholt. Das Salz wird in seitlichen Gräben getrocknet und gereinigt, bis es zur nächsten Flutung des Beckens kommt. Von November bis Februar finden Ausbesserungsarbeiten an der Anlage statt.

Durch das geöffnete Eingangstor fahren Sie bis zur Salzbodega Bodega de la Sal herunter.

Auf der rechten Seite können Sie von der leicht erhöhten Plattform die Salinen betrachten. Eine geführte Besichtigung durch die Salinen mit anschließender Salzverköstigung wird angeboten. ☉Mo- Fr 10.30/ 12 Uhr, in Deutsch und Englisch, ▌12 €, ① www. salinasdejanubio.com

Im Jahr 2019 ließ das Unternehmen sein Meersalz von einem unabhängigen Institut auf Qualität prüfen. Das Laboratorium bescheinigte, dass im Salz weder Mikroplastikanteile noch Verunreinigungen nachzuweisen sind. Hervorzuheben ist das "Flor de Sal", das im November 2019 mit der Goldmedaille ausgezeichnet wurde.

Tipp: Profitieren Sie von der großen Salzauswahl in der Bodega vor Ort.

Angeboten werden: Meersalz mit vulkanischer Aktivkohle, aromatisierten Kräutern, Chili, Zitrone, Guayonje- Zwiebel aus Teneriffa, Tomate, oder Rotwein. Gewürzsalze für Fleisch, Fisch, Pasta und Gemüse.

Sal Malvasía Volcánica- mit Malsavía- Wein und Kräutern
Sal condimentada al Mojo picón extra- extrascharf mit Knoblauch, Kümmel, Peperoni und scharfer Paprika
Sal condimentada al Cúrcuma- mit Kurkuma, Knoblauch und Oregano
Sal condimentada al Tomillo- mit Thymian, Knoblauch und Oregano
Sal al Vino tinto- mit Rotwein und Kräutern
Sal al Mojo picón- mit pikanter Paprika, Peperoni und Knoblauch
Sal condimentada al Curry- mit Curry, Knoblauch und Oregano
Sal condimentada al Mojo verde- mit Petersilie, Koriander, Knoblauch und grüner Paprika.

◑ Mo- Fr 10-17 Uhr, Sa 11-16 Uhr, So geschlossen, ⌂ LZ-2> LZ-703 > ausgeschildert

12 Lanzarote- Fuerteventura

Zwei Inseln, die so dicht beieinander liegen und nicht unterschiedlicher sein könnten. Bereits von Puerto del Carmen und vielen Aussichtspunkten sehen Sie aus der Ferne die schneeweißen Dünen von Corralejo auf **Fuerteventura [7]**.

Das ist nicht verwunderlich, da Fuerteventura nur 15 km von Lanzarote entfernt ist. Es stehen mehrere Möglichkeiten zur Verfügung, um sich den schneeweißen Sand, die riesigen Sanddünen und das **türkisfarbene Wasser [8]** anzusehen:

Die einfachste ist, einen organisierten Ausflug mit dem Ziel Fuerteventura- Corralejo und die Dünen zu buchen. Mit dem Glasbodenboot geht es vom Hafen in Playa Blanca nach Fuerteventura. Meistens wird im Zentrum von Corralejo ein Shopping- Stopp eingelegt, wonach man mit der Gruppe im Bus zu den Dünen und zum Strand gefahren wird. Nach weiterer Verfügungszeit mit der Möglichkeit zum Baden, wird man wieder zum Hafen von Corralejo gebracht, setzt erneut mit dem Boot über und wird zu den Hotels auf Lanzarote gebracht.

Die zweite Möglichkeit wäre, dass Sie in Eigenregie mit den Auto- Fähren von Armas oder Fred Olsen, jeweils in nur 30 Minuten, oder mit dem Glasbodenboot in ca. 45 Minuten, nach Fuerteventura übersetzen. Angekommen auf Fuerteventura, nehmen Sie ab dem Hafen ein Taxi oder fahren mit dem öffentlichen Bus zu den Dünen. Der Busbahnhof befindet sich direkt auf der Rückseite des Hafengebäudes.

ⓘ www.tiadhe.com, 🚌 Bus 6, Ausstieg Haltestelle 146 HOTELES RIU, Einstieg Haltestelle 141.

Die Taxipreise sind human, da die Dünen nicht allzu weit entfernt sind.

Haben Sie bereits auf Lanzarote ein Auto angemietet, bietet sich je nach Mietwagenverleiher die Option, den Wagen für einen Tag nach Fuerteventura mitzunehmen. Das wäre die einfachste und unabhängigste Art die Insel zu erkunden, jedoch sollte der Preis für die Überfahrt plus Auto bei den Fähranbietern berücksichtigt und verglichen werden.

ⓘ www.navieraarmas.com oder www.fredolsen.es

Für die Überfahrt benötigen Sie einen Personalausweis, oder Reisepass.

Fazit: Falls Sie noch nie auf Fuerteventura waren, sollten Sie sich die kanarische Lieblingsinsel der deutschen Strandurlauber unbedingt anschauen. Allein schon die gewaltige schneeweiße Dünenlandschaft rund um Corralejo und das türkisfarbene Wasser sind eine Augenweide. Um zu den Stränden zu kommen, folgen Sie der ausgeschilderten Richtung Playas Grandes. Hier befinden sich schönsten Strände des Nordens, die vor dem RIU Tres Islas und dem RIU Oliva Beach liegen.

Leider schafft man es nicht, Fuerteventura mit dem Mietwagen in einem Tag ausreichend zu erkunden, da die Insel zu lang ist. Vom nördlichsten Punkt in Corralejo fährt man bis zum südlichsten Punkt in Morro Jable über 2 Stunden, was nur ohne jeglichen Stopp möglich ist. Deshalb empfehle ich im Norden von Fuerteventura zu bleiben und einen schönen Tag am Strand zu genießen. Badesachen nicht vergessen!

13   César Manrique- ein einzigartiger Künstler

Das heutige Lanzarote wäre ohne den enormen Einfluss von César Manrique undenkbar. Er war nicht nur Maler, Architekt, Bildhauer, sondern auch aktiver Umweltschützer und prägte entscheidend das Bild der Vulkaninsel. Ihm ist es zu verdanken, dass die Schönheit Lanzarotes nicht im Massentourismus versank, sondern durch eine harmonische Kombination aus Kunst und Natur hervorgehoben wurde.

César Manrique [1] wurde am 24. April 1919 in Arrecife geboren. Er wuchs mit seiner Zwillingsschwester, seinem Bruder und einer weiteren Schwester in Puerto Naos, dem alten Hafen von Arrecife, auf. Eine unbeschwerte Kindheit und die Sommerurlaube mit seiner Familie in Caleta de Famara, einem kleinen Fischerdorf in

Nordwesten, prägten ihn nachhaltig. Während des spanischen Bürgerkriegs, im Juli 1936 bis April 1939, meldete sich Manrique als Freiwilliger, um an der Seite Francos, dem späterem Diktator General Francisco Franco, zu kämpfen. Nach dem Krieg kehrte er nach Arrecife zurück, verbannte umgehend seine Uniform und verlor nie wieder ein Wort über die grausame Kriegszeit und den damit verbundenen Erinnerungen.

Bereits im Jahr 1942, im Alter von 23 Jahren, präsentierte er in seiner ersten Ausstellung Werke in der Hauptstadt der Insel. Er schrieb sich auf Teneriffa, in der ältesten Universität der Kanaren, für die Fachrichtung technische Architektur ein und brach nach 2 Jahren das Studium ab.

Im Jahr 1950 schloss er nach fünf- jähriger Studienzeit sein zweites Studium an der Kunstakademie in Madrid mit dem Meistertitel für Zeichnen und Malen ab. Er heiratete Pepi Gomez, mit der er eine enge Beziehung bis zu ihrem Tod im Jahr 1963 führte.

Mit gleichgesinnten Künstlern entwickelte sich Manrique zu einem Vorreiter der avantgardistischen Kunst und eröffnete im Jahr 1954 in Madrid die erste Galerie Spaniens für abstrakte Kunst.

1964, im Alter von 45 Jahren, erhielt er in Amerika ein Stipendium des International Institute of Art Education. In New York fanden in der Galerie „Catherine Viviano" drei exklusive Einzelausstellungen statt.

Für seine Weiterentwicklung als Künstler waren Vertreter des abstrakten Expressionismus, sowie der Pop Art (Andy Warhol), der neuen Plastik und der kinetischen Kunst maßgebend. Nach 4-jährigem Aufenthalt in den USA, packte ihn im Jahr 1966 das Heimweh und er beschloss nach Lanzarote zurückzukehren, um seine Heimatinsel in einen der schönsten Plätze der Welt zu verwandeln.

Bereits auf Teneriffa und Gran Canaria hatte ein gnadenloser Bauboom in Form von riesigen Hotelburgen und Eingriffen in die Landschaft stattgefunden, der nun auch Lanzarote zu zerstören drohte. Manrique konnte einen langjährigen Freund der Familie, Pepin Ramirez, der inzwischen Präsident der Inselregierung war, für sein Vorhaben gewinnen. Es sollte nur noch die traditionelle, maximal zweistöckige Bauweise zugelassen werden und ein Verbot für Werbeplakate auf der Insel eingeführt werden. Dieses Verbot wurde durchgesetzt, ist aber inzwischen aufgehoben worden.

Um den lanzarotenischen Architekturstil an seine Landsleute weiterzugeben, ergriff Manrique die Eigeninitiative und fuhr mit seinem Wagen über die Insel, um alle von der ursprünglichen Bauweise zu überzeugen.

Im selben Jahr entwarf er das Monumento al Campesino, das 15 m hohe, aus Wassertanks von alten Fischerbooten zusammengeschweißte Monument, das den arbeitenden Bauern gewidmet ist. Sein engster Partner Jésus Soto realisierte das Denkmal.

Zusammen mit dem befreundeten Künstler Luis Ibánez kaufte er ein altes Haus in Yaiza, eines von dreien, dass nach den Vulkanausbrüchen von 1730 bis 1736 stehen geblieben war und baute es 1970 zum Restaurant La Era um.

Im gleichen Jahr entdeckte er in einem schwarzen Lavafeld in Tahiche einen Feigenbaum, dessen grüne Spitze aus einem Lavastrom herausragte. Er beschloss genau an dieser Stelle sein Wohnhaus zu bauen. Die Grundstückseigentümer verlangten keine Bezahlung für ihr Land, da sie es für wertlos hielten und baten Manrique, sich soviel Land zu nehmen, wie er für sein Projekt benötigte. Während der Bauphase entdeckte Manrique fünf unterirdische Lavablasen, die er miteinander verband, ausbaute und zu Wohnräumen umgestaltete.

1974 eröffnete Manrique in Arrecife das Mehrzweckkulturzentrum EL Almacen, das als Treffpunkt für Kunstinteressierte dienen sollte. Künstlern sollten die Gelegenheit bekommen in der Kunstgalerie El Aljibe ihre Werke auszustellen.

Im Jahr 1982 gründete er seine Stiftung, die Fundacíon César Manrique.

1988 zog er aus dem Haus in Tahiche aus, um in sein umgebautes Bauernhaus in Haría zu ziehen, das seit 2013 ein Museum ist.

Am 25. September 1992 kam César Manrique, nur etwa 50 Meter vor seiner Stiftung in Tahiche, bei einem Verkehrsunfall ums Leben. An der Kreuzung, an der er ein Stoppschild überfahren hatte, befindet sich nun ein Kreisverkehr, in dem ein von ihm entworfenes Windspiel stand. Er wurde auf dem Friedhof von Haría beigesetzt. Seine Zwillingsschwester verstarb am 13.11.2018.

Folgende Bauwerke, die von César Manrique entworfen wurden, können besichtigt werden:

Das Casa Museo del Campesino, ein **Bauernhauskomplex [2]** in inseltypischer Architektur mit dem **Monumento al Campesino [3]**, ein Denkmal, das auf dem geografischen Mittelpunkt der Insel steht, um die Bauern von Lanzarote zu ehren, die entdeckten, dass die schwarzen Lavasteine porös sind und so der Tau zur Bewässerung der Felder aufgesogen werden kann.

Das **Lagomar [4]**, der Wohnkomplex von Omar Sharif und der Aussichtspunkt **Mirador del Río [5]** mit Blick auf die Nachbarinsel La Graciosa.

Die **Jameos del Agua [6]**, eine Lagune innerhalb einer Lavahöhle, die eine blinde Albino-Krebsart beherbergt, sowie einen Konzertsaal mit 600 Sitzplätzen und der Kakteengarten, der **Jardín de Cactus [7]**, mit mehr als 1000 Kakteenarten.

Die **Fundación César Manrique [8]**, sein Wohnhaus mit 5 unterirdischen Lavablasen sowie sein letzter Wohnsitz das **Casa/ Museo César Manrique [9]**.

Das **Restaurant El Diabolo [10]** im Nationalpark Timanfaya, inmitten der aktiven Feuerberge, mit großem Grill über Vulkanluft und das **Castillo San José [11]** mit dem Museo Internacional de Arte Contemporaneo, einem zeitgenössischen Museum mit wechselnder Kunstausstellung und dem integrierten Restaurant Que Muac.

In Costa Teguise entwarf César Manrique im Zentrum das Fischerdorf Pueblo Marinero und war für das Design der Grün- und Poolanlage im **Hotel Meliá Las Salinas [12]** zuständig. Seine Kreativität drückte er in den Windspielen **Juegetes del Viento [13]**, die sich in seiner Fundación und auf vielen Kreisverkehren der Insel befinden, aus.

14 Las Playas

Lanzarote ist nicht das Strandparadies mit unendlich langen, hellen Sandstränden. Bedingt durch die Gezeiten des Atlantiks können alle Strände genutzt werden, jedoch ist in vielen Fällen baden erst bei Flut möglich.

Bei Ebbe geht das Meer so weit zurück, dass teilweise nur noch schwarze Steine oder schwarze Lavaströme, die ins Meer gehen, zurückbleiben. Somit hat das sogenannte "Strandleben" in den meisten Fällen zwei Gesichter. Zu einem entsteht bei Flut ein Wow-Effekt, sodass man sich über das glasklare Meer und türkise Farbenspiel freut. Zum anderen denkt man bei Ebbe, wenn die schwarzen, dicken Steine im Meer zum Vorschein kommen, dass ein Laster vorgefahren ist, der Geröll abgeladen hat.

So sagen viele Urlauber, die zum ersten Mal auf Lanzarote sind, dass sie sich das so, auf keinen Fall vorgestellt haben und dass alles furchtbar schrecklich sei. Dennoch haben sowohl Ebbe und Flut ihre besonderen optischen Reize.

Auf Lanzarote sind die meisten Strände aus feinem Sand, einige wenige aus groben oder eine Mischung aus Sand und Steinen. Meistens findet man hellen Sand vor, jedoch gibt es auch braune und schwarze Sandstrände.

In den Urlaubsregionen Costa Teguise, Puerto del Carmen, Playa Blanca und in der Hauptstadt werden kostenpflichtige Liegen und

Sonnenschirme angeboten. Zwischen den aufgestellten Liegenbereichen steht ausreichend Platz zur Verfügung, um sich auch mit dem eigenen Strandlaken niederzulassen. Ausschließlich hier sollten Sie baden gehen, da Rettungsschwimmer im Einsatz sind. Bitte unterschätzen Sie niemals die extrem starken Unterströmungen des Atlantiks, die jährlich unzählige Menschenleben kosten.

Die Wassertemperaturen liegen von Juli bis September um 24° und können in den Wintermonaten auf 17° abfallen.

Die Außentemperaturen sind im Sommer am höchsten und betragen tagsüber im Schatten bis 35° und fallen abends auf 25° ab. Erträglich durch einen, je nach Wetterlage milden oder starken Wind, ist in den Abendstunden eine Fleecejacke empfehlenswert.

In den Sommermonaten liegt der UV- Wert bei 12, in den Wintermonaten bei 4- 5. Unterschätzen Sie nicht diese Strahlung und schützen sich durch eine Sonnencreme mit ausreichendem Lichtschutzfaktor. Vorsicht ist geboten, da man durch den Wind meistens viel zu spät bemerkt, wie aggressiv die Sonne ist.

Zu den absoluten Highlights gehören Richtung Norden in Punta Mujeres die natürlichen Meerwasserbecken **Piscinas Naturales [1]**. Auf dem 2 km langen sandstrandlosen Küstenabschnitt wurden kleine Badebuchten geschaffen, die sich insbesondere in den Sommermonaten bei den Einheimischen größter Beliebtheit erfreuen. Hier tritt man mit Badeschlappen und einem Handtuch kurz vor die Tür, um sich in den kühlen Fluten des Atlantiks zu erfrischen. Entlang der Promenade treffen Sie auf die kleinen Badebuchten Playa Grande, El Muro, El Cura und Las Rosas. Baulich wurde nur geringfügig mit Geländern, Leitern und kleinen betonierten Sonnenterrassen in die Natur eingegriffen. Der Rest ist pure Landschaft und Fischerdorfatmosphäre. ⌂ LZ-1, ausgeschildert

Weiter nördlich befinden sich nach den Jameos del Agua, Richtung Órzola, acht verschiedene Badebuchten. Da diese Strände außerhalb der Touristenzentren liegen, muss die Anreise mit dem Auto erfolgen. Der Küstenabschnitt in dieser Zone gehört zum Malpais de la Corona. Er ist durch eine niedrige Felsküste mit kleinen Buchten und schneeweißen Sand geprägt und kontrastiert fantastisch mit der schwarzen Vulkanlandschaft. Eine Augenweide, die ihres gleichen sucht. Stellenweise haben sich die hellen Buchten in die schwarze Landschaft eingegraben und setzen sich in Form von weißen Dünen bis ins Landesinnere fort. ⌂ LZ-1

Die Playa del **Caleton Blanco [2]** ist die größte dieser Buchten. Der schneeweiße Sandstrand ist etwa fünfhundert Meter lang. Liegen sind nicht vorhanden, es existieren aber aus aufgestapelten Lavasteinen halbrunde Mauern, in die Sie sich windgeschützt legen können.

Tipp: Wer hier den Tag verbringen möchte, nimmt am besten zusätzlich einen Sonnenschirm, Handtücher, Sonnencreme und Getränke mit.

Leider ist in den Sommermonaten die schöne Badebucht mit Blick auf Órzola und dem Monte Corona sehr überlaufen. Die Lanzaroteños verbringen hier ein ganzes Wochenende mit Kind und Kegel, campen und grillen. Bitte beachten Sie, dass Sie hier nur bei Flut schwimmen gehen können, da bei absoluter Ebbe das Meer nur knietief ist. ⓘDas Auto kann direkt vor dem Strand abgestellt werden, ⌂ LZ-1, KM 32

Die einsame **Playa del Risco** liegt unterhalb der Salinas del Río. Befindet man sich direkt vor dem Mirador del Río biegt man links in die schmale Straße ein. Auf der rechten Seite hat man eine wundervolle Aussicht auf die vor Lanzarote liegenden Insel La Graciosa. Die Straße verläuft recht geradlinig und bewegt sich kurvig abwärts. Kurz nach einem alten Gemäuer, das erste auf der rechten Seite, folgt eine rechts- links Kurve, auf der linken Seite blickt man auf eine Hotelfinca. Exakt nach dieser Kurve, also kurz vor der Finca, biegt man nach einer mit Flechten grün bewachsenen Lavaanhäufung, rechts, bevor die Strommasten beginnen, ein.

Sieht man einen ruckligen Weg mit schwarzen gepflasterten Lavasteinen, ist man genau richtig. Nun fährt man den Weg bis zum Ende und stellt das Fahrzeug ab. Dann folgt leider der schwierigste Teil. Der etwa ein Kilometer lange und einsame Strand ist nur äußerst schwer zugänglich. Zumindest sollte man Turnschuhe, noch besser wären Wanderschuhe tragen, sonst gelangt man nur bis zur oberen Plattform, die etwa 15 Minuten weit entfernt ist.

Danach geht der Pfad steil und geröllartig ohne Geländer ab. Nach Aussage zweier sportlicher, junger Männer dauert der Abstieg zum Strand eine Stunde. Der Rückweg ist entsprechend schwerer und dauert eindreiviertel Stunden. Sie sollten sich die Playa del Risco zumindest von der Plattform, die noch relativ einfach zu erreichen ist angeschaut haben. Übrigens, die Männer fanden es „so amazing", sagten aber, dass man so etwas auch nur einmal im Leben machen muss, sodass eine Wiederholung ausgeschlossen wurde. ⌂ LZ-201> LZ-203> am Mirador nach ca. 3,2 km> Las Rositas,2 – 35541 Haría

Die **Playa de Famara [3]** ist ein fast drei Kilometer langer Strand mit hellbraunem Sand, der sich am Fuße der Famaraklippen befindet. Aufgrund eines hohen Wellengangs und starken Winden wird er in erster Linie von Kite- und Windsurfern genutzt. ⌂ LZ-402

Die **Playa La Santa Sport [4]** ist ein fast ein Kilometer langer, künstlich angelegter, heller Sandstrand bei den Sportanlagen vom Club La Santa. ⌂ LZ-410

Die Strände bzw. Felsküste mit Badeplateaus **Charco del Palo** und **Los Cocoteros**, die sich auf der Höhe des Kakteengartens befinden, sind FKK- Zonen. ⌂ LZ-1> LZ-1A >ausgeschildert

An der **Costa Teguise** befinden sich fünf unterschiedlich große Badebuchten, die alle an der Strandpromenade liegen.

Die **Playa Ancla [5]**, eine kleine Badebucht, liegt vor dem großen Occidental Hotel Lanzarote Beach, am Ortseingang. ⌂ Avenida El Salinero,6- 35508 Costa Teguise

Die **Playa Bastian [6]** befindet sich am Anfang der Costa Teguise, direkt an der Promenade. Der 400 m lange Strand mit dunklem Sand wird größtenteils von Einheimischen genutzt. ⌂ Calle La Rosa- 35508 Costa Teguise

Die **Playa de Jabillo [7]** ist eine kleine Badebucht mit hellem, von Felsen durchzogenem Sandstrand, der an der Promenade vor dem Occidental Grand Hotel Teguise liegt. ⌂ Avenida del Jabillo, 35508 Costa Teguise

Die **Playa de las Cucharas [8]** ist der größte Strand an der Costa Teguise. Der etwa 600 Meter lange helle Sandstrand wird von einem langen Wellenbrecher, der senkrecht zur Bucht verläuft, unterteilt. Somit ist auch bei Ebbe das Schwimmen im Meer möglich. Der Abschnitt links vom Wellenbrecher, vor dem Hotel Meliá Salinas verwandelt sich bei Ebbe in ein Meer aus schwarzen Steinen. ⌂ Avenida Arenas Blancas, 35508 Costa Teguise

Die **Playa de los Charcos [9]** befindet sich direkt vor dem Hotel Lanzarote Beach und hat einen hellen Sandstrand. Aufgrund von erkalteten Lavaströmen ist hier nur bei Flut das Schwimmen im Meer möglich. ⌂ Calle del Mástil- 35508 Costa Teguise

Im Großraum **Arrecife** treffen Sie auf zwei Strände. Die **Playa del Reducto [10]** ist der 500 m lange Stadtstrand von Arrecife, der direkt neben dem Grand Hotel Arrecife an der Promenade liegt. Der schöne helle Sandstrand, mit türkisfarbenem Wasser, lädt bei Flut zum ausgiebigen Baden ein. ⌂ Avenida Fred Olsen- 35509 Arrecife

Die **Playa de Guasimeta [11]** ist ein fast zwei Kilometer langer Strand mit feinem, hellbraunem Sand in Playa Honda. Er Liegt zwischen Arrecife und dem Flughafen und wird in erster Linie von Insulanern und Residenten genutzt. ⌂ Avenida Playa Honda, 35509 Playa Honda

Im Großraum Puerto del Carmen findet man 3 große Sandstrände:

Die **Playa de Matagorda [12]** liegt vor der Siedlung von Matagorda und ist ein hellbrauner Sandstrand, der mit Steinen durchsetzt ist. ⌂ Calle Agunal- 35510 Puerto del Carmen

Die **Playa de Los Pocillos [13]** liegt kurz vor Puerto del Carmen an der Strandpromenade und ist ein über ein Kilometer langer, sehr tiefer brauner Sandstrand. ⌂ Avenida de las Playas, 35510 Puerto del Carmen Die **Playa Grande [14]** ist der Hauptstrand von Puerto del Carmen mit hellbraunem Sand, der direkt unter der Strandpromenade in Puerto del Carmen vorbeiführt. ⌂ Avenida de las Playas, 35510 Puerto del Carmen

Am Ende von Puerto del Carmen liegt die kleine Bucht **Playa Chica [15]**. ⌂ Paseo Barrilla, 35510 Puerto del Carmen

Die **Playa de Quemada [16]** ist ein dunkler Steinstrand, der sich im Ort Playa Quemada befindet. Von hier kann man über einen Wanderweg, an zwei weiteren Buchten vorbei, in fünf bis sechs Stunden Playa Blanca erreichen. ⌂ LZ-2> LZ-706

Im Süden der Insel befinden sich die Papagayostrände **Playas de Papagayo [17]**, die sich aus den Buchten Playa Mujeres, Playa del Pozo, Playa de la Cera, Puerto Muela und Caleta del Congrio zusammensetzen. Die 100- 400m langen hellsandigen Strände sind untereinander durch hohe Klippen getrennt. ⌂ LZ-702> Kreisverkehr> ausgeschildert, 35580 Playa Blanca ① Eine lange rucklige Schotterpiste führt auf ein Kassenhäuschen mit Schranke zu, 🛢 pro Fahrzeug 3 €, danach führt die Piste bis kurz vor die Strände.

Im Ort Playa Blanca treffen Sie auf 3 weitere Badebuchten. Die **Playa Dorada [18]** ist 200 m lang und liegt direkt vor dem Hotel Princesa Yaiza. Die **Playa Flamingo [19]** ist eine mit quadratischen Betonblöcken geschützte Bucht, die vor dem Hotel Iberostar Selection Lanzarote Park liegt. Der kleine Stadtstrand befindet sich im Zentrum des Ortes. ⌂ Avenida Maritima- 35580 Playa Blanca

Im Südwesten der Insel befinden sich zwischen den Salinas de Janubio und El Golfo weitere Strände, an denen man nur auf eigene Gefahr baden kann. Die **Playa de Janubio [20]** ist ein langer, dunkler Sandstrand, der die Salinen vom Meer trennt. Nach Los Hervideros folgt der **Charco de los Clicos [21]** mit einem vorgelargerten kleinen See und ein schwarzer Steinstrand befindet sich am Ende von El Golfo. ⌂ LZ-2> LZ-703

15   Einkaufen- Shopping

Lanzarote ist kein Einkaufsparadies, das das Herz eingefleischter Shopping- Liebhaber höherschlagen lassen würde. In den großen Urlaubsorten Costa Teguise, Puerto del Carmen und Playa Blanca befinden sich überwiegend Souvenirgeschäfte, in den kleinen Einkaufszentren, den Centros Comerciales, bieten Chinesen und Inder Plagiate aktueller Marken an. An Stränden und Promenaden erfolgt das gleiche durch afrikanische Verkäufer.

Markenware, die ausschließlich in Fachgeschäften angeboten wird, kaufen Sie entweder in der Hauptstadt Arrecife oder in den großen Einkaufszentren ein.

Das größte Einkaufscenter **DEILAND [1]** befindet sich zwischen Arrecife und dem Flughafen an der Autobahn LZ-2.

Alle aktuellen Shops finden Sie unter: www.deilandplaza.com/tiendas/

Die **BIOSFERA PLAZA [2]** in Puerto del Carmen, ist das zweitgrößte Einkaufscenter.

Alle aktuellen Shops finden Sie unter: www.biosferaplaza.es

Im Hafen von **Puerto Calero [3]** befindet sich eine kleine überschaubare Einkaufsstraße mit exklusiveren Markengeschäften.

Die aktuellen Geschäfte finden Sie unter: www.caleromarinas.com

Im Süden der Insel wurde das Shoppingcenter **MARINA RUBICON [4]** renoviert und neu eröffnet.

Im Erdgeschoss sind einige Fachgeschäfte vertreten, aber im Yachthafen können Sie ausgiebiger einkaufen. Alle aktuellen Shops finden Sie unter: www.ccmarinalanzarote.com/tiendas/

❶ Am 1.Oktober 2015 eröffnete H&M seine erste Filiale auf Lanzarote im Einkaufscenter Deiland. Das bekannte Sportgeschäft Decathlon kam mit einer großen Halle in Arrecife, an der LZ-3- Ausfahrt 4, im Oktober 2016 dazu.

Wichtig für das Einkaufen in der Hauptstadt Arrecife sind die Öffnungszeiten, die sich von denen der Einkaufszentren unterscheiden. In der Regel sind die Geschäfte von Montag bis Freitag von 10.00 bis 14.00 Uhr, nach der Mittagspause von 17.00 bis 20.00 Uhr und samstags von 10.00 bis 14.00 Uhr geöffnet. Sonntags ist geschlossen. Die Einkaufszentren täglich von 10.00 bis 22.00 Uhr geöffnet.

Anmerkung: Genau wie in Deutschland führen die Geschäfte Frühjahr-, Sommer-, Herbst- und Winterkollektionen. Für Sommerbekleidung findet man ab Mitte August echte Schnäppchen, der Winterschlussverkauf startet am 06. Januar und endet Anfang März. Übergrößen für Damen sind neben H&M bei den spanischen Firmen Encuentro bis Größe 46 und Punta Roma bis Größe 54, erhältlich.

TIPP: Schicke, spanische Mode zu erschwinglichen Preisen findet man im Einkaufscenter Deiland bei der Kette Cortefiel, die auch eine exklusivere Kollektion unter Pedro del Hierro anbietet. Auf der Internetseite können Sie einen Blick auf die Kollektion werfen: www.cortefiel.com

15.1 Tabakwaren- Zigaretten

Tabakwaren sind in Supermärkten und Tabakläden erhältlich. Auch wenn die Preise im Flugzeug günstig erscheinen, sind sie vor Ort billiger. Aufgrund der niedrigen Besteuerung startet der Preis pro Stange bei ca. 17,00 €. Einzeln verkaufte Zigarettenschachteln oder aus dem Automaten sind etwas teurer, da es keine Preisauszeichnung gibt. Wichtig: Auf der Rückreise nach Deutschland darf nur 1 Stange pro Person ab 18 Jahren, eingeführt werden. Um problemlos durch den Zoll zu gehen, achten Sie bitte darauf, dass sich nur 1 Stange im Koffer befindet, da das Gepäck als personenbezogen gilt.

15.2 Parfümerien- Profumerías

Parfüm und Kosmetikartikel sind auf den kanarischen Inseln ebenfalls viel günstiger als in Deutschland. Um auf keine Plagiate reinzufallen, sollten Sie in Parfümerien einkaufen und vorher die Preise vergleichen.

15.3 Apotheke- Farmacia

Nahezu alle Medikamente sind günstiger als in Deutschland. Auch ohne Rezept bekommen Sie, mit einer angebrochenen Schachtel, problemlos das Arzneimittel.

15.4 Lebensmittel

In den Feriengebieten treffen Sie fast an jeder Ecke auf kleine Supermärkte der Ketten Spar und Dino, in denen alles angeboten wird, was Sie zusätzlich zum Hotelangebot benötigen. Größere Einkäufe zu günstigeren Preisen tätigen Sie besser in den großen Filialen der spanischen Ketten EuroSpar, Hiperdino oder Mercadona. Die deutsche Supermarktkette LIDL ist auf Lanzarote mit 3 Filialen in Arrecife, in Playa Honda und in Puerto del Carmen vertreten.

15.5 Mehrwertsteuer

Die angegebenen Preise in den Geschäften sind Endpreise. Zu beachten ist, dass bei Essen und Getränken in Bars und Restaurants, falls nicht angegeben, zusätzlich 7% Mehrwertsteuer auf den angegebenen Preis kommt. Hotels und Manrique- Touristencenter zeigen ausschließlich den Endpreis auf den Speise- und Getränkekarten an.

15.6 Marina Lanzarote

Im Jahr 2014 wurde der Gebäudekomplex Marina Lanzarote am Rande der Hauptstadt Arrecife eröffnet. Die moderne Marina ist eine Kombination aus Restaurants und Geschäften, die am angelegten Yachthafen vorbeiführt. Fußläufig ist der Komplex von der Stadt über eine Brücke zu erreichen. Bei der Ankunft von Kreuzfahrtschiffen schieben sich die Massen an der Marina vorbei. Ansonsten sind weder Touristen noch Einheimische zu sehen, sodass inzwischen viele Geschäfte und Restaurants leer stehen. Nur noch der Burger King und die Diskothek Kopas, die für Partygänger am Wochenende ab Mitternacht geöffnet ist, werden besucht. ⌂ Avenida Olof Palme,35500 Arrecife

16 Übersicht Märkte- Mecados- Mercadillos

Täglich können Sie Märkte auf der Insel besuchen.

Montag bis Samstag:
☻Mo-Fr 8- 22.30, Sa 8-15 Uhr, ⌂ Calle de la Liebre/ Calle Manuel Miranda, 35500 Arrecife
Der Wochenmarkt "La Recova" befindet sich in der alten Markthalle von Arrecife. Angeboten werden lokale Lebensmittel und Kunsthandwerk.

Dienstags:
☻ 9.30-14 Uhr, ⌂ Avenida del Mar, 35508 Costa Teguise
Der Bauernmarkt im Pueblo Marinero in Costa Teguise besteht aus mehreren, kleinen Ständen, an denen Obst, Gemüse, Oliven, Ziegenkäse, Wein und Bananen angeboten werden.

☻10-14 Uhr, ⌂ Calle Pantalanes, 35570 Puerto Calero
Im Jachthafen von Puerto Calero treffen Sie auf einen bunt gemischten Markt mit Plagiaten und Handwerkskunst.

Mittwochs:
☻10-14 Uhr, ⌂ Calle Berrugo, 35580 Playa Blanca
Vor der Kulisse des Jachthafens können Sie an unzähligen Ständen einkaufen. Von Plagiaten bis Kunsthandwerk finden Sie hier bestimmt das passende Souvenir.

☻18-22.30 Uhr, ⌂ Avenida del Mar, 35508 Costa Teguise
In den Abendstunden treffen Sie auf Kunsthandwerker.

Donnerstags:
☼9-14 Uhr, ⌂ **Calle** Miguel Hernandez, 3550 Tahíche
Vor dem Kulturzentrum Centro Cultural Santiago del Mayor werden auf dem kleinen Bauernmarkt frische lokale Erzeugnisse angeboten.

Freitags:
☼10-14 Uhr, ⌂ **Fußgängerzone** Calle Léon y Castillo, 35500 Arrecife
In der Fußgängerzone der Hauptstadt erwarten Sie neben den geöffneten Geschäften und Cafés Kunsthandwerker.

☼10-14 Uhr, ⌂ Calle Pantalanes, 35570 Puerto Calero
Im Jachthafen von Puerto Calero treffen Sie auf einen bunt gemischten Markt mit Plagiaten und Handwerkskunst.

☼16-22 Uhr, ⌂Avenida del Veradero, 35518 Puerto del Carmen
Auf dem großen Markt finden Sie alles was das Herz begehrt.

☼18-22 Uhr, ⌂ Avenida del Mar, 35508 Costa Teguise
In den Abendstunden treffen Sie auf Kunsthandwerker.

Samstags:
☼9- 14 Uhr, ⌂ Calle Joaquin Rodriguez, 35570 Uga
Neben der kleinen Kirche treffen Sie auf lokale Lebensmittel und Kunsthandwerker.

☼9-13 Uhr, ⌂ Plaza de las Palmas,1- 35500 Arrecife
Rund um den Kirchplatz der Pfarrkirche San Ginés sind Stände mit frischen, lokalen Produkten aufgebaut.

☼10-14 Uhr, ⌂ Calle Berrugo, 35580 Playa Blanca
Vor der Kulisse des Jachthafens können Sie an unzähligen Ständen einkaufen. Von Plagiaten bis Kunsthandwerk finden Sie hier bestimmt das passende Souvenir.

☼10- 14 Uhr, ⌂ Calle Sol- 35520 Haría
Nach vielen Jahren hat sich der Kunsthandwerkermarkt vor der Kirche im Zentrum von Haría zu einem echten Highlight entwickelt.

Sonntags:
☼9- 14 Uhr, ⌂ Calle Joaquin Rodrìguez- 35570 Uga
Am Rande des Weinanbaugebietes La Geria präsentiert sich der kleine Bauernmarkt mit lokalen Lebensmitteln und einer Auswahl an Kunsthandwerk.

🕐10- 14 Uhr, ⌂ Zentrum- 35530 Teguise
Auf dem bedeutesten Markt der Insel kaufen Sie an weit über 500 Ständen Plagiate, Souvenirs und Kunsthandwerk ein. Auch für den Gaumen wird hier viel angeboten.

🕐10- 13 Uhr, ⌂ Calle Virgen de los Dolores- 35560 Mancha Blanca
Gegenüber der Kirche Nuestra Señora de Los Dolores bieten Bauern lokale Produkte an.

16.1 Teguise Markt – Mercadillo Teguise

Der **Mercadillo Teguise [1]** findet jeden Sonntag von 10.00- 14.00 Uhr in der ehemaligen Inselhauptstadt Teguise statt. Das wochentags verschlafene Dorf verwandelt sich sonntags in einen riesigen Markt mit über 500 Ständen. Es ist das absolute Highlight auf der Insel. Ab 11.00 Uhr schieben sich die Menschenmassen an den Ständen entlang, da die Auswahl riesig ist. Von Plagiaten, schönen Souvenirs und Kunsthandwerk sehen Sie alles was das Herz begehrt.
Auf dem Platz vor der Kirche Iglesia Nuestra Señora de Guadalupe führt gegen 11.30 Uhr eine Folkloregruppe Tänze in landestypischer Tracht zu selbstgespielter Musik auf. Die Kirche ist geöffnet und kann besichtigt werden. In der Calle Rayo, die mit bunten Fähnchen geschmückt ist, treffen Sie auf die Kunsthandwerker.
ⓘ An- und Abreise zum Markt: Die Anreise kann mit dem Mietwagen, öffentlichen Verkehrsmitteln, Taxi oder organisierten Reisen erfolgen. Für Autofahrer stehen bewachte, entgeltliche Parkplätze an der Hauptstraße zur Verfügung. Die Anreise mit öffentlichen Verkehrsmitteln oder mit dem Taxi stellen kein Problem dar, jedoch könnte sich die Rückreise, aufgrund des Massenaufkommens, langwieriger gestalten.
Organisierte Busreisen zum Markt sind von Vorteil, da sie einen garantierten Platz im Bus bieten.
Tipp für Autofahrer: Am Campo de Fútbol Los Molinos, den man bereits aus der Ferne durch hohe Metallpfosten erkennt, befinden sind kostenfreie Parkplätze. Calle Gadifer de la Salle- 35530 Teguise

16.2 Kunsthandwerksmarkt in Haría

Jeden Samstag findet auf dem Dorfplatz vor der Kirche der Kunsthandwerkermarkt **Mercado de Artesanía [2]** von 10.00- 14.30 Uhr statt.

Der Markt wurde im Jahr 2001 ins Leben gerufen, um den Verkauf handwerklicher, regionaler und ökologischer Produkte zu fördern und den Besuchern eine vielfältige Auswahl anzubieten.
An den inzwischen bis zu 70 verschiedenen Ständen, kann man in Ruhe vorbeischlendern und einkaufen.
Bei der Vielzahl von Produkten dürfte es nicht schwerfallen, das passende Mitbringsel zu finden.
TIPP: Kombinieren Sie den Samstagsausflug auf den Markt mit einem Besuch im Museo de Arte Sacro, das sich neben der Kirche befindet.
Ausgeschildert und fußläufig zu erreichen, ist das Casa/ Mueso César Manrique, der letzte Wohnort des Inselkünstlers. Auf der gleichen Straße, kurz nach dem Anwesen, können Sie bei dem letzten Korbflechter der Insel einmalige Korbflechtarbeiten erstehen.
Übrigens: Auf dem ausgeschilderten Friedhof Cementerio von Haría treffen Sie auf die letzte Ruhestätte von César Manrique.

17   Gastronomie

Das Klima und die geografische Lage der Insel haben die Entwicklung der wenig abwechslungsreichen Landwirtschaft bestimmt, dessen Produkte vereint mit denen aus dem Meer die Grundlage der traditionellen Inselküche war.
Aufgrund des Tourismusbooms der letzten Jahrzehnte hat sich die Vielfalt der Speisen, ohne Verlust der traditionellen Küche, erhöht.
Die inseltypischen Fische, Dorade, Sama und Vieja werden schmackhaft in den unterschiedlichsten Variationen zubereitet.
Zudem wird Ziegen- und Kaninchenfleisch angeboten, das mit gekochten "papas arrugadas", den kanarischen Schrumpelkartoffeln, mit roter und grüner Mojosoße serviert wird.
Zu den inseltypischen Speisen gehören Eintöpfe- "Potajes", Stockfisch- "Sancocho" und "Ropa vieja"- ein Eintopf aus Fleisch, Kartoffeln, Gemüse und Kichererbsen.
Auch der Ziegenkäse muss erwähnt werden, der nach alter Tradition in vielen Varianten hergestellt wird. Schließlich darf auch kein guter Wein fehlen, der aus den Weinanbaugebieten zwischen Mozaga und La Geria stammt.
Seit jeher gehören "Gofio", ein geröstetes Maismehl, sowie Gerste, Hirse und Weizen zu den Grundnahrungsmitteln der Kanarier. Gofio wird heutzutage zur Bindung von Eintöpfen und zur Herstellung von Süßspeisen verwendet.

17.1 Produkte

Lanzarote produziert trotz Wassermangels, Hitze und mit Saharasand beladenen Winden, eine relativ große Vielfalt an Produkten. Aktuell werden auf einer ca. 7.000 ha großen Fläche Obst und Gemüse wie z. B. Zwiebeln, Tomaten, Kartoffeln, Süßkartoffeln, Wassermelonen und Kürbisse angebaut.

Zusammen mit Fuerteventura war die Insel lange als Kornspeicher der Kanaren bekannt, da in der Inselmitte auf den sandigen Feldern Getreide und Mais angebaut wurden.

Die Viehzucht beschränkt sich in erster Linie auf Ziegen, Schafe und Kühe. Die Ziege hebt sich hier ab, da sie zusätzlich für die Milchproduktion gezüchtet wird, um Ziegenkäse herzustellen. Der Käse ist reich an Proteinen, Kalzium, Phosphor und den Vitaminen A, B und D. Um ein Kilo herzustellen werden ungefähr fünf Liter Milch benötigt.

17.2 Fischerei

Früher war die Fischfangflotte der Insel die bedeutsamste der Kanaren mit Standorten in Arrecife, La Graciosa, Puerto del Carmen und Playa Blanca. Mit Angelruten und Netzen wurden Fische wie Thunfisch, Hecht, Makrele, Zackenbarsch, Seehecht und Wrackbarsch gefangen. Bis zum 20. Jahrhundert war auf der Insel die verbreiteste Art Fisch zu verarbeiten ihn in Salz einzulegen, sodass Lanzarote durch seine damals unzähligen Salinen von dieser Verarbeitungsweise zusätzlich profitieren konnte.

17.3 Traditionelle Gerichte

Die kanarische Küche ist mediterran. Die wichtigste Mahlzeit ist das Mittagessen. Hierzu gibt es viele Möglichkeiten und gerade auf Lanzarote werden immer noch traditionelle Gerichte angeboten, wie man sie schon immer auf der Insel gegessen hat. Schnell bemerkt man den wichtigen Bezug zum Meer: Fischsuppe, Stockfisch, Fisch mit Zwiebeln... Der Stockfisch- "Sancocho" zählt zu den wichtigsten Gerichten der Kanaren und wird in den meisten Fällen mit Mojosoßen und Gofio serviert.

Die Fleischgerichte stammen aus der kanarischen Viehzucht. Man trifft auf Ziegenfleisch und Kaninchen in unterschiedlichen Soßen. Auch Brühen und Eintöpfe zählen zu den klassischen traditionellen Gerichten.

Leider gibt es keinen typischen Likör, wie man ihn von den anderen Inseln kennt. Die Lanzaroteños brauen sich ihre Liköre zuhause selbst, oder greifen auf bekannte Marken der Nachbarinseln zurück.

18 Tapas- die kleinen Köstlichkeiten

Ursprünglich wurde der Begriff Tapas von dem spanischen Wort "tapar" abgeleitet, was abdecken bedeutet. In Bars wurden kleine Häppchen auf die Bier- oder Weingläser gelegt, um die Getränke vor Fliegen zu schützen. Spricht man inzwischen von Tapas, ist damit ausschließlich die Portionsgröße gemeint. Als Tapas können generell alle Speisen gereicht werden, seien es Oliven, Käse, Frikadellen, Kartoffeln, Kichererbsen, Fisch oder Fleisch. Auf Spanisch hören sich die Namen der Tapas wesentlich klangvoller an, wenn man von Aceitunas, Queso, Albondigas, Papas arrugadas, Garbanzas, Pescado oder Carne spricht.

Aufgrund dessen finden Sie in einheimischen Restaurants, sofern eine Karte vorhanden ist, den Hinweis auf Tapas, eine kleine Portion, eine" ½ Racion"- eine halbe Portion, oder eine ganze Portion, eine "Racion".

18.1 Restaurantempfehlung Casa Félix

Das rustikal eingerichtete **Restaurant [3]** besteht seit dem Jahr 1987 und hat eine kleine Terrasse mit Meerblick auf den Strand Playa Bastian. Hier sollten Sie unbedingt einen Blick auf die deutsch übersetzte Tapaskarte werfen. Angeboten werden Papas arrugadas-Kartoffeln auf kanarische Art, frittierte Süßkartoffeln, kleine Paprikaschoten, gebratene Sardellen, frittierte Fisch- und Hühnchenstäbchen, Fisch-und Hähnchen- Kroketten, Kichererbseneintopf mit Fleisch, Fischsalat, gebratene Sardinenfilets, marinierter Thunfisch, gebratene Moräne, gebratener Tintenfisch mit grüner Mojo-Soße, panierter Käse mit Feigenmarmelade, Zwergtintenfische, Tortilla española, Gulasch, Hähnchenschenkel, Schweinefleisch, Hackfleischbällchen, russischer Salat und Dattel im Speckmantel. TIPP: Bestellen Sie sich eine Auswahl der leckeren **Tapas [4]**, die auf einer großen Platte mit kanarischen Soßen serviert werden.

☻Tägl. 12- 22.30 Uhr, ⌂ Calle La Rosa, 2- 35508 Costa Teguise

18.2 Restaurantempfehlung Bar Stop

Authentisch einheimische Küche probieren Sie im kleinen **Restaurant [5]** Bar Stop mit nur 5 Tischen. Mit täglich wechselnden Speisen, jeglichem Verzicht auf Schnick- Schnack und ohne Speisekarte wählen Sie die täglich wechselnden Gerichte an einer Theke aus.

❶Das Personal spricht etwas englisch. Sie müssen lediglich auf das, was Sie essen möchten zeigen und "Tapas" sagen. Alle Speisen werden täglich frisch zubereitet und je nach Nachfrage sind die großen Schalen an der Theke leer. Tipp: Um einen Sitzplatz zu bekommen und die komplette Auswahl der **einheimischen Küche [6]** zu sehen, sollten Sie bereits um 13.00 Uhr das Restaurant besuchen.

🕐13Uhr- bis Ausverkauf, Plaza Nuestra Señora de los Remedios,6-35570 Yaiza

19   Gastronomie- Events

Bei 2 jährlichen Events treffen Sie auf die größte Tapas Auswahl der Insel. Am 30. Mai wird die im Jahr 1982 erlangte Autonomie der Kanaren in der Hauptstadt **Arrecife [7]** gefeiert. Stürzen Sie sich in das Getümmel mit Live- Bands und unzähligen Tapas- Ständen, die für nur 1€ leckere Tapas anbieten. 🕐12-00 Uhr, Parque José Ramirez Cerda, 35500 Arrecife

Ende November findet das riesige Gastrofestival in **Teguise [8]** statt. An weit aus über 100 Ständen Tapas und Weine zur Verkostung angeboten. Es herrscht ein buntes Treiben und die Massen schieben sich an den Ständen vorbei.

Um Tapas oder Weine probieren zu können müssen Sie Tickets an Ständen mit dem Schild "Venta de Bebidas y Tickets"- Verkauf von Getränken und Tickets erwerben.

❶Interessant dürfte auch das Tapas Angebot der Nachbarinseln ein. Sollten Sie Ende September auf der Insel sein, erkundigen Sie sich in den Touristeninfos oder im Hotel nach dem Veranstaltungsdatum. Sonntags können Sie das Tapas Festival in Teguise mit dem Marktbesuch verbinden.

20   Museen

20.1 Museum Tanit- Museo Tanit

Das völkerkundliche **Museum Tanit [1]** liegt ausgeschildert im Zentrum von San Bartolomé.

Es ist in Familienbesitz und befindet sich in ehemaligen Weinkellern eins traditionellen kanarischen Hauses aus dem Jahr 1735.

Die Gründer des Museums Herr José Ferrer Perdomo und Frau Remy de Quintana Reyes tragen seit unzähligen Jahren alle Arten von Gegenständen und Informationen zusammen, um lanzarotenische

Sitten und Gebräuche, beginnend von ihren Vorfahren, den Majos, bis heute für die Nachwelt zu erhalten.

Im Eingangsbereich wird einen Hefter mit allen Informationen über das Museum ausgeteilt.

Aus dem letzten Jahrhundert wurden Familienerbstücke und inzwischen noch fast täglich **Gegenstände [2]** zusammengetragen, die nach Themen sortiert und ausgestellt werden.

Dazu gehören unter anderem: Eine Musikecke, Mühlsteine, steinerne Mörser, Vulkansteinbecken, Riegel, eine Kunstgalerie, ein Weinkeller, der seit dem Jahr 1780 genutzt wurde, Tragekörbe von Kamelen, Dreschbretter, eine Schreibmaschine, Weinkelter, Gemälde, ein kanarisches Destilliergerät, Bücherschränke mit Prospekten aus dem Jahr 1912, die Schutzheilige "Virgen de los Dolores" der Insel, Keramik, Ethnographie, eine steinerne Käseform, Binsengewebe, ein Brautpaar aus Mojon in traditioneller Kleidung, ein Wasserdepot, eine Tenne, ein kanarischer Weinkeller und der Garten. Im Innenhof liegt eine kleine Kapelle, die der "Nuestra Señora de Pino" gewidmet ist.

Das Museum ist eigenfinanziert und wird nicht von der Inselregierung unterstützt. Der Erlös aus den Eintrittsgeldern wird für die Erweiterung und den Erhalt des Objektes genutzt. Fast täglich kommt die Gründerin in das Museum, um die Sammlung zu erweitern.

🕐Mo- Sa 10-14 Uhr, ♣Kinder unter 12J frei, ⌂ Calle Constitución,1- 35550 San Bartolomé

20.2 Haus der Timple- Casa Museo Del Timple

Im Zentrum der ehemaligen Inselhauptstadt Teguise, liegt schräg gegenüber der Kirche das **Casa Del Timple [3]**.

Es handelt sich um einen im 18. Jahrhundert erbauten Palast, der zum Museum umfunktioniert wurde. In drei Räumen wurde eine Sammlung von über 60 Timples zusammengestellt. Timples sind kleine 5- seitige Musikinstrumente, vergleichbar mit Gitarren, auf denen traditionelle kanarische Musik gespielt wurde und bei kleinen Konzertveranstaltungen immer noch gespielt wird.

🕐Tägl. 10-14 Uhr, ♣3€, Kinder unter 12J. frei, ⌂ Calle José Betancort,6- 35530 Teguise

20.3 Museum der heiligen Kunst in Haría- Museo de Arte Sacro

Durch eine breite Lorbeerbaum- Allee steuern Sie geradewegs auf die Kirche zu. Von außen wirkt sie schlicht, wie fast alle Kirchen auf der Insel. Da man eigentlich von einem alten Gemäuer ausgeht, ist es beim Betreten verwunderlich, dass der Innenraum in keinster Weise zu der alten sakralen Bauweise passt. Es kommt die Frage auf, warum in diesem alten Dorf eine Kirche mit dem Baustil aus den 1960- Jahren steht. Die Erklärung findet sich im **Museo de Arte Sacro [4]**, das sich rechts neben der Kirche in einem alten Herrenhaus befindet.

Alte Fotos in den Ausstellungsräumen zeigen, was sich zugetragen hatte: Die alte Kirche Iglesia de Nuestra Señora de la Encarnación wurde im Jahr 1956 durch ein schweres Unwetter zerstört. Bilder im ersten Ausstellungsraum dokumentieren die fatale Zerstörung. In den weiteren Räumen werden alte Reliquien ausgestellt.

TIPP: Verbinden Sie samstags den Besuch des Museums samstags mit dem Kunsthandwerksmarkt.

🕑Di, Do, Fr+Sa 10-15 Uhr, 🍴 frei, ⌂Plaza Leon y Catillo,14- 35520 Haría

20.4 *Freilichtmuseum El Patio- Museo Agrícultural El Patio*

Das Landwirtschaftsmuseum **El Patio [5]** befindet sich an der LZ- 20 im Ort Tiagua. Dr. José Maria Barrete Fee (1924- 1993) hatte das Museum gegründet, um die ethnografischen und kulturellen Werte Lanzarotes zu bewahren. Die große Anlage besteht im Wesentlichen aus 2 Komplexen. Im ehemaligen Herrenhaus aus dem Jahr 1845 befindet sich das völkerkundliche Museum. Zu den Themen, die auf Deutsch beschrieben sind, gehören: Nationale Geografie, Texte zum Nachdenken, Geologie, Töpferarbeiten, Architektur, Folklore, traditionelle Kleidung, Handwerk und Tourismus. Sie treffen auf alte Fotografien, eine Ausstellung von Lavasteinen, Töpferarbeiten und Schornsteintypen.

Zu jener Zeit war der Komplex der größte landwirtschaftliche Betrieb der Insel, indem 20 Bauern mit mehr als 15 Kamelen im Ackerbau arbeiteten. Interessant ist das kleine Haus mit Innenhof, Küche, Bad, Wohn- und Schlafzimmer, indem der Vorarbeiter des Landgutes bis zum Jahr 1949 wohnte. Im Schlafzimmer befinden sich Feldbetten auf denen Strohmatratzen liegen. Die Teppiche sind aus geflochtenen Palmenzweigen.

Der Rundgang führt weiter zu einer Weinpresse, einer Bodega, einem kleinen Kakteengarten und einer Kapelle.

Durch den Garten mit inseltypischen Pflanzen gelangen Sie zu einem Tiergehege mit einem Kamel, Ziegen, Hühnern. Daneben steht eine Windmühle. Anschließend folgt eine zweite völkerkundliche Ausstellung mit Bildern, Keramiken, Korbflechtereien, Kamelsitzen, Wagen, Handwerksgeräten sowie allem, was damals für die

Landwirtschaft benötigte wurde. In der Bodega wird weißer und roter Hauswein, sowie Moscatel zur Probe angeboten.
Besuchen Sie die schöne gepflegte Anlage, mit Bauernhofatmosphäre, in der man ins letzte Jahrhundert zurückversetzt wird. Von den oberen Anbaufeldern blicken Sie über Famara bis hin zur Insel La Graciosa.
🕑Mo-Fr 10-17, Sa 10-14.30 Uhr, 💰6,50€, ⌂Calle Echeyde,18- 35558 Tiagua

20.5 Molino de Tiagua

Unweit des Freilichtmuseums El Patio befindet sich die **Mühle von Tiagua [6]**. Sie stammt aus dem 19. Jahrhundert und ist eine der besterhaltenden Mühlen der Insel. Die Bauernfamilien aus dem Ort und den umliegenden Ortschaften La Vegueta, Tinajo, Tao, Soo und Muñique brachten ihr Getreide und geröstete Maiskörner zur Mühle, um es zu Mehl bzw. zu Gofio mahlen zu lassen. Dank aufwendiger Restaurierungsarbeiten der Inselregierung erstrahlt die Mühle wie in alten Zeiten. Lassen Sie sich nicht die Begehung der Mühle und den Blick auf das alte hölzerne Mühlwerk entgehen.
🕑unregelmäßig > Google, 💰gratis, ⌂ Avenida Armiche,2- 35558 Tigagua

20.6 Luftfahrtsmuseum- Museo Aeronáuticodel Aeropuerto de Lanzarote

Das **Luftfahrtsmuseum [7]** befindet sich direkt am Flughafen.
Das Flughafengebäude wurde in den Jahren von 1946 bis 1970 genutzt. Für damalige Verhältnisse war es das Highlight der Insel, das aber dem Touristenansturm der 1970- Jahre nicht mehr gewappnet war, sodass der heutige Flughafen gebaut wurde. Beeindruckend ist, wie klein die Anfänge auf Lanzarote waren. Auf Wunsch führen die Museumsangestellten mit zusätzlich erklärenden Beschreibungen durch die Räumlichkeiten.
Im ersten Raum befindet sich ein großes Bild mit einer Aufnahme aus den 1930-er Jahren, die den Graf Zeppelin über Las Palmas auf Gran Canaria zeigt.
Weitere Aufnahmen stellen die Anfänge der Luftfahrt, sowie eine Landung in der Bucht von Arrecife aus dem Jahr 1924 dar.
Im anschließenden Raum befindet sich der damalige Wartesaal.
Auf der rechten Seite hängt eine Reproduktion des langen Wandbildes, das César Manrique 1953 für den Flughafen entworfen hatte. Es präsentiert die Insel von Nord nach Süd und enthält viele Motive mit Wiedererkennungswert wie z.B. den Felsen von Famara,

den Vulkan la Corona, das Weinanbaugebiet La Geria, landestypische Häuser, Kamele und die Feuerberge bis hin zu Playa Blanca. Das Original befindet sich aktuell im Besitz der Fundación César Manrique. Der Kauf des Bildes wurde auf einem Blatt dokumentiert, das sich in der ausgestellten Schreibmaschine befindet. Im Jahr 1953 betrugen die Kosten für das Wandbild 10.817,00 Peseten.

Links davon, in dem kleinen Raum, der aktuell zur Filmvorführung dient, befand sich der Souvenirshop.

Im hinteren Bereich, auf der rechten Seite lagen der Ticketschalter, eine kleine Bar und die Örtlichkeiten.

Ein großes Foto hinter der Bar, in der noch der Originalfußboden erhalten ist, lässt die **VIP`s jener Epoche [8]** lebendig erscheinen. So trifft man von rechts nach links auf Camilo Pajuelo Arteaga, dem damaligen Chef der Guardia Civil, Thomás Lamamié de Clairc, dem Delegierten der Iberia- Fluggesellschaft, Antonio Diaz Carrasco, dem Flughafenchef und Benjamin Madero, dem Chefarzt des Bataillons aus Arrecife.

Links von der Bar ging es damals für die Passagiere zum Ausgang. Vor Abflug mussten sie sich einzeln mit ihrem Gepäck auf die große Waage stellen, um das Gewicht für das Flugzeug zu ermitteln.

Auf der linken Seite befand sich das Büro des Flughafendirektors, indem heute eine kleine Bibliothek mit zusätzlichen Informationen zur Luftfahrt ist.

Im vorderen Teil des Gebäudes führt eine schmale Treppe in das Obergeschoss zum Kontrollturm. Lediglich ein Funkgerät, ein Telefon, eine Uhr, ein Stift und ein Buch reichten aus, um die Flüge zu koordinieren. Frontal blickt man auf das Terminal 2 des heutigen Flughafens.

✪ Mo-Sa 10-14Uhr, 🖋frei, ⌂ LZ-2>Aeropuerto> Beschilderung MUSEO folgen

20.7 Weinmuseum El Grifo- Museo El Grifo

Das Museum **EL Grifo [1]** befindet sich im Weinanbaugebiet La Gería im Südwesten der Insel. Auf der Landstraße LZ- 30, die durch das gesamte Gebiet führt, reiht sich eine Bodega an die andere.

El Grifo ist die älteste Weinkellerei der Kanarischen Inseln und eine der zehn ältesten Spaniens. Über 2 Jahrhunderte war sie im Besitz von zwei Familien, davon lag sie über 5 Generationen in den Händen der heutigen Eigentümerfamilie. Das Museum befindet sich in der alten Weinkellerei, indem sich historische Geräte zur Weinherstellung aus dem 19. und frühen 20. Jahrhundert befinden.

4 verschiedene Traubensorten werden angebaut, die zwischen Juni und September, wie folgend geerntet werden: Malvasia, Listan negro, Syrah und Moscatel.

Am Eingang wird nach Bezahlung ein Plan ausgehändigt, der durch die Räumlichkeiten des Museums führt. Unter anderem werden folgende Exponate ausgestellt:

Eine Hebel- und Balkenpresse, ein Weinkelter, unterschiedliche Pressen,

das von César Manrique entworfene Weinetikett für seinen Lieblingswein, dem Semidulce, eine **Fassmacherei [2]**, ein Weinkelter, eine Bibliothek und ein Laboratorium.

Im zweiten Gebäude befindet sich eine große Etikettenausstellung. Neben dem Ausstellungsraum liegt das Gutshaus, das nicht begangen werden darf. Im hinteren Teil der Anlage ist ein Weingarten, der die Besonderheit aufweist, dass die Rebstöcke in erstarrten Lavavertiefungen gepflanzt wurden.

Den Abschluss bildet ein kleiner Kakteengarten. Nach der Besichtigung besteht die Möglichkeit, eine im Eintrittspreis enthaltene Weinprobe zu machen.

☉Tägl. 10.30- 18Uhr, ▮Eintritt- 30 min. 7€, mit Führung- 40 min. 12€, mit Weingutbesichtigung- 90 min. 15€, ⌂ El Grifo, LZ-30

20.8 Museum für Geschichte in Arrecife- Museo de Historia de Arrecife

Das Museum **Museo de Historia de Arrecife [3]** befindet sich im **Castillo San Gabriel [4]** auf der kleinen vorgelargerten Insel Islote de Fermina. Es liegt unweit der Haupteinkaufsstraße Calle Castillo y Léon von Arrecife.

Die Burg kann über zwei Brücken erreicht werden, die linke nennt sich Puente de las Bolas und ist eine kleine Zugbrücke mit zwei Kanonenkugeln auf den Pfeilern.

Im 16. Jahrhundert wurde die Burg durch eine Festung aus Stein ersetzt, die zum Schutz des Hafens und der Stadt diente.

Im Eingang wird ein Museumsführer mit Erklärungen zu den Übersichtstafeln ausgehändigt.

TIPP: Genießen Sie vom Obergeschoss die einmalige Aussicht über das Meer und die Hauptstadt.

☉Mo-Fr 10-17, Sa 10- 14 Uhr, ▮frei, ⌂Calle Punta de la Lagarata- 35500 Arrecife

20.9 Cochenillen- Museum/ Museo de La Cochinilla

Das Museum **Museo de la Cochinilla [5]** befindet sich in der Nähe des Kakteengartens der Hauptstraße, die durch Mala führt.

Bereits am Eingang wurden Kakteen angepflanzt, die mit Cochenillen besetzt **[6]** sind.

Die Cochenille ist eine Schildlaus, die für die Herstellung von roten Naturfarben im 19. Jahrhundert genutzt wurde. Hierzu wurden Kakteen mit dem Schädling infiziert. Jedoch verlor der Anbau an Bedeutung als das Produkt chemisch hergestellt werden konnte. Inzwischen erlebt die Cochinelle ein Revival, sodass in Guatiza und Mala alte Kakteenplantagen wieder aufgeforstet und hergerichtet werden.

Im Museum wird ausführlich der Verarbeitungsprozess der Cochenille, von der Anpflanzung und Ernte bis zur Herstellung des Endproduktes aufgezeigt. Im anschließenden Shop kann auch, neben vielen Aloe Vera Produkten, der neue Aloe Vera Likör probiert und gekauft werden.

⊙Tägl.10.30- 18 Uhr, 🌶frei, LZ-42, ⌂Calle Villa Nueva,42- 35543 Mala.

20.10 Asociación Milana

In den Räumlichkeiten der ehemaligen Grundschule von Mala befindet sich die gegründete Vereinigung **Asociación Milana [7]**. Im Vordergrund steht die Anwendung des natürlichen Cochenillen-Farbstoffs. Sehenswert sind die aufwendig gefärbten Handarbeiten, die auf dem Samstagsmarkt in Haría angeboten werden. In kleinen Workshops können Sie mit der Cochenillenfarbe montags von 9-11 Uhr Bilder malen und von 11-13 Uhr Seidentücher verzieren.

⊙ Mo- Fr 8-14 Uhr, Workshops Mo 9-13 Uhr,🌶frei, Kostenbeitrag für das Material beim Workshop, ⌂LZ-42- km 5, Hauptstraße durch Mala, Calle Villa Nueva,10- 355543 Mala

ⓘ Die handgefertigten Produkte sind mit dem Aufkleber "Milana" gekennzeichnet. Beim Kauf unterstützen Sie den lokalen Handel, das Kunsthandwerk und tragen zum Revival der Cochinenillen- Zucht in der Region bei.

21 Aloe Vera

Die Aloe Vera ist eine alte Heilpflanze, die aufgrund ihrer heilenden Eigenschaften bekannt ist und in kosmetischen sowie pharmazeutischen Produkten enthalten ist.

Das größte **Aloe Vera Museum [8]** befindet sich in Punta Mujeres. Es bietet Infotafeln über die Geschichte der Aloe Vera Pflanze, sowie deren Anbau und Gebrauch. In zwei weiteren Nischen erfährt man weiteres über die Salzgewinnung auf Lanzarote und die damalige Schildlauszucht.

Freundliche Mitarbeiterinnen geben ausführliche Informationen zu den Produkten und Anwendungsgebieten.

① Produktinformationen unter: www.aloepluslanzarote.com
LZ-1> Richtung Jameos del Agua, Carretera Jameos del Agua- 35542 Punta Mujeres

22   Einmalige Inselkünstler

22.1 Der letzte Korbflechter von Haría

Kurz nach dem Casa/ Museo César Manrique in Haría befindet sich auf der rechten Seite die letzte **Korbflechterei [1]** der Insel.

Unscheinbar, in einer Garage mit grünen Türen und davor aufgehängten Flechtkörben, sitzt **Señor Eulogio Concepcíon Perdomo [2]** auf einem kleinen, niedrigen Stuhl und flechtet Körbe in unterschiedlichen Größen. Hierzu schneidet der 87- jährige getrocknete Palmenzweige in dünne lange Streifen, um sie nach traditioneller Art zu flechten.

Früher waren seine Arbeiten gefragter, sodass er auf Handwerkermärkten persönlich auftrat. Inzwischen findet aufgrund seines hohen Alters der Verkauf nur noch in seiner Werkstatt statt. Nach eigenen Angaben benötigt er einen halben Tag um einen kleinen Korb zu flechten. Die verarbeiteten Palmenzweige werden von den Gärtnern des Casa/ Museo César Manrique zur Verfügung gestellt. ⊙Tägl. variabel, ⌂Calle Elvira Sanchez- 35520 Haría

Im Jahr 2019 wurde zu Ehren des letzten Korbflechters zwischen 2 Palmen aufgestellt. ⌂ Calle La Longuera, vor dem ausgeschilderten Taller Municipal de Artesanía

22.2 Autentica Ceramica Canaria

Auf traditionell gefertigte Tonarbeiten, die schon die Ureinwohner der kanarischen Inseln fertigten, treffen Sie im Atelier Ceramica im Monumento al Campesino.

Der Künstler zog zunächst von seinem kleinen Atelier in Maguez, das man maximal als Garage hätte bezeichnen können, nach Haría und arbeitet nun im Monumento al Campesino.

Señor Joachim Reyes Betancort [3] stellt den Ton selbst her. Dazu mischt er **Vulkanerde mit Ton [4]**, knetet das Gemisch mit den Füssen, bis eine ausreichende Konsistenz erreicht ist. Beim

Formen seiner Kreationen drückt er die noch vorhandenen kleinen Steinchen heraus, um eine glatte Oberfläche zu erhalten.

Die fertigen Objekte werden mehrere Tage getrocknet und von ihm im öffentlichen Brennofen im Dorf gebrannt. Der eigentliche Brennvorgang dauert zwei Tage. Am ersten Tag zündet er ein kleines Feuer und legt alle zwei Stunden Holz nach. Am nächsten Tag wird mehr Holz nachgelegt. In den letzten 5 Stunden des Brennvorgangs wird die Holzzufuhr erneut erhöht und der Ofen geschlossen. Es vergehen drei bis fünf Tage bis die Arbeiten abgekühlt sind und entnommen werden können.
Übrigens: Alle Tonarbeiten werden ohne Töpferscheibe hergestellt.
☻Mo-Sa 10-17.45 Uhr, ⌂ ausgeschildert, Kreuzung LZ-20+ LZ-30- 35559 Mozaga

22.3 Die Jolateros - Boote und Souvenirs aus recyceltem Blech

Die Jolateros befinden sich an der Hauptstraße Carretera Los Castillos, kurz nach dem Castillo San José Richtung Arrecife- El Charco de San Ginés. Auf der rechten Straßenseite sieht man ein großes Windrad, auf der linken Seite liegen kleine, bunte Bötchen auf schwarzen Lavasteinen. Von hier aus folgt man der **Promenade [1]**. Ein paar Schritte weiter treffen Sie auch schon auf die Open- Air- Werkstatt.
Die Geschichte der **Jolateros [2]**, der einzigen und letzten lanzarotenischen Bootsbauer, die 1- Mannboote aus Altmetall herstellen, geht in die 1930-Jahre zurück. Damals fuhren die Fischer mit diesen kleinen Booten zu ihren Kuttern, heutzutage werden sie nur noch für sommerliche Wettrennen von Kindern im Charco San Ginés in Arrecife zum Einsatz gebracht.

Die Herstellung seiner Boote in Miniaturform präsentiert Señor Antonio seinen Besuchern voller Freude und Leidenschaft. Mit einer Schere schneidet er einen Streifen von einer Blech- Olivenöldose ab, nimmt eine Zange, biegt die scharfen Kanten nach innen und klopft sie anschließend auf einem Holzbrett platt. Dann formt er mit Daumen und Fingern die Bootsform, nimmt einen Kleber, den er auf zwei kleine Holzstückchen streicht und steckt diese an die Enden des Bootes fest, um sie zu fixieren. Um die finale Seetauglichkeit des kleinen neuen Kunstwerkes zu testen, setzt er es in eine mit Wasser gefüllte Plastikschüssel. Mit einem individuellen Anstrich versehen steht das Souvenir zum Verkauf bereit.

Diese alte lanzarotenische Bootsbaukunst ist sehenswert. Hier können Sie ein Mitbringsel der besonderen Art erstehen. Die kleinen Boote sind auch als Schlüsselanhänger für einen kleinen Preis käuflich erwerblich.

Übrigens: Nach aktuellem Stand ist es nicht sicher, ob Señor Antonio dauerhaft an diesem Standort bleiben darf, da der jetzige Besitzer das Grundstück einer anderen Verwendung zufügen möchte. Aktuell, wenn Sie die Metallboote nicht sehen und ihn nicht antreffen, stellt er seine Exponate im hinteren Teil des Charco de San Ginés aus.

22.4 Atelier Luciano Martín

Der 66- jährige **Maler Luciano Martín [7]** stammt aus Playa Blanca und studierte an der Universität von Teneriffa. Bereits im Alter von 26 Jahren stellte er seine Werke in Düsseldorf, Köln und Dortmund aus. Er ist von Deutschland begeistert, spricht gut Deutsch und ist stolzer Vater von 3 Kindern, 8 Enkel und inzwischen 1 Urenkel. In seiner **Ausstellung [8]** sind die Gemälde aus Lava- Olivinstein und Ölfarbe besonders hervorzuheben.

❂Tägl. 10-19 Uhr, ▮frei, ◑nach Kauf erfolgt der Versand durch Fed Ex, ⌂ Calle Roque Bentaiga, 35570 Femes- Ortsteil Las Casitas

22.5 Atelier Stefan Schultz

Der deutsche **Töpferer Stefan Schultz [1]** lebt mit seiner Frau Anneliese Guttenberger seit dem Jahr 1987 in Teseguite. In einem alten Bauernhaus stellen sie ihre Arbeiten zum Verkauf aus. Er stellt neben glasierter Keramik eine im Holzfeuer gebrannte schwarze Keramik her, zu der er seine Anregungen aus historischen Quellen und Studienreisen schöpft. Nach einem 7- wöchigen Tibet- Aufenthalt im Jahr 2019 sind seine neusten Kreationen von diesen Eindrücken geprägt. Seine Frau widmet sich ausschließlich der Malerei und Druckgrafik.

❂Mo-Fr 11-17 Uhr, ⌂ LZ-404- Avenida Acorán 43-45, 35539 Teseguite **[2]**

22.6 Töpferin Birgit Groth

Die deutsche **Künstlerin Birgit Groth [3]** lebt seit 2007 auf der Insel und schafft täglich neue individuelle Werke, die sie liebevoll umsetzt. Der Ton und über 100 Glasuren werden aus Deutschland eingeschifft und auf der Insel im Nachbarort Mozaga gebrannt.

Besonders beliebt sind ihre Mäusetassen, die lebensmittelecht sind und wie alle Kreationen für den täglichen Gebrauch genutzt werden können.

Eine besondere Stellung unter ihren Werken haben die Sorgensteine, zu denen es folgende Geschichte der Künstlerin gibt: „Damals gab es ein Land in Phantasien, in dem eigentlich alles normal war. Das Wetter war wechselhaft, die Leute hatten Arbeit, die Kinder tobten, wie alle Kinder - also, ein wirklich normales Land. Sicher, mal regnete es zur falschen Zeit oder die Fische bissen nicht richtig oder die Kinder gehorchten nicht.

Aber in einem unterschieden sich die Bewohner dieses Landes von anderen Leuten. Niemand klagte, beschwerte sich oder lamentierte. Und wenn doch mal einer was sagte, dann erwiderte ein anderer: „Erzähl das deinem Sorgenstein".

Ja, es waren recht glückliche Menschen - nicht, dass sie keine Probleme hätten, aber eines unterschied sie von anderen Leuten. Jeder hatte seinen Sorgenstein - und das kam so:

Früher waren auch hier die Menschen voll von Sorgen und Problemen und jeder erzählte sie jedem, der auch wieder Sorgen hatte und es kam häufiger zu Widerworten und auch zum Streit. Man fühlte sich überfordert, auch noch zu seinen eigenen Sorgen die Probleme der anderen anzuhören. Die Menschen waren oft missmutig und übel gelaunt.

Eines schönen Tages nun geht ein Fischer, von Sorgen und Zorn erfüllt, zum Strand hinunter. Er sammelt eine Hand voll Steine und wirft sie so weit er kann, hinaus ins Meer. Doch kurze Zeit später werfen die Wellen sie wieder an den Strand und sie trudeln ihm vor die Füße. Immer noch wütend hebt er den ersten der zurückrollenden Steine hoch und mit einer ausladenden Bewegung will er ihn wieder ins Meer werfen. Doch da hört er plötzlich eine Stimme: „Halt, so kommst du nicht weiter".

Erstaunt nimmt der Fischer den Arm herunter und bemerkt, dass der Stein in seiner Hand diese Worte spricht. Mit weit aufgerissenen Augen starrt er den Stein an. „Ihr tut mir leid", sagt der Stein und sieht den Mann an „und deswegen werde ich euch und den Menschen in eurem Lande helfen".

Er schmunzelt ein wenig „Ich bin ein Sorgenstein. Du kannst mit all deine Nöte und Probleme anvertrauen. Ich verrate nichts! Du kannst mir alles sagen - ich widerspreche dir nicht! All deine Sorgen bleiben in mir verschlossen - ich werde schweigen."

Dann rollt der Stein seine kleine Stirn in Falten und flüstert so leise, dass unser Fischer den Stein an sein Ohr halten muss, um auch die letzten Worte zu verstehen. „Ich habe dir nun alles gesagt und ich werde auch nie wieder sprechen. Glaub mir, deine Sorgen werden durch mich nicht unbedingt weniger, aber du hast jetzt mich, um in aller Ruhe darüber zu sprechen und nachzudenken. Nimm all die Steine um dich herum und gebe sie den Menschen in deinem Land. Es wird euch dann besser gehen". Gesagt, getan! Und schon nach kurzer Zeit wurden die Menschen glücklicher und fröhlicher und wenn sich dann doch einer mal grämte, dann hieß es: Erzähl das deinem Sorgenstein...

Weitere Exponate finden Sie unter: www.toepferei-lanzarote.de
Übrigens: Auf Kundenwunsch fertigt die Künstlerin auch Kreationen an.

☻ Do+Fr 11- 13/ 15- 18Uhr, ⌂ Calle Los Morros,15-35542 Arrieta

22.7 Artesanía ES

Die deutsche **Künstlerin Sandra Eisen [4]** widmet sich der Malerei. In ihren abstrakten Gemälden versucht sie ihre persönliche Beziehung zu Lanzarote auszudrücken. Hervorzuheben ist der Gebrauch von Eisenfarbe, die auf der Leinwand oxidiert und das Erscheinungsbild kontinuierlich verändert.

☻ n. Vereinb. +34 682340482/ sandra@buenavista-lanzarote.com, ⌂ Calle las Pardelas 10a, 35539 Nazaret

22.8 Casa Don Pillimpo- Teguise

Auf einen fantasievollen, außergewöhnlichen **Figurenpark [5]** treffen Sie entlang der Hauptstraße von Teguise. Der Ausnahmekünstler José García Martín schuf in seinem Vorgarten weiße, überlebensgroße Figuren und unvergleichbare Kuriositäten. In einem Gespräch sagte er: "Ich habe mein ganzes Leben auf den Feldern gearbeitet, bin jetzt im Ruhestand und bete täglich." Mit einem Mofa fuhr er mit seiner lebensgroßen Barbiefigur aus Plastik, die er Notenblätter umgebunden hatte, durch die Gemeinde. Pillimpo war so geschätzt und beliebt, dass ihm niemand böse war. Dennoch meckerte er: " Hier gibt es keine Kultur, keine Bohemia und absolut nichts."

① Der Ausnahmekünstler José García Martín verstarb im Mai 2019 im Alter von 86 Jahren. Profitieren Sie noch von seinem Schaffen. Ungewiss ist, ob die Erben das Anwesen verkaufen und die Figuren nicht mehr zu sehen sind.

22.9 Taller Municipal de Artesanía

Unweit des Ortszentrums von Haría treffen Sie auf das ausgeschilderte Künstlerhaus Taller Municipal de Artesanía. Auf 2 Etagen können Sie den Künstlern bei dem Entstehungsprozess der Arbeiten zusehen. Im Erdgeschoss werden bei Mayeh- Artesanos Lederwaren hergestellt. Miguel Clavijo fertigt Tonwaren im altkanarischen Stil an. Der Juwelier Mario Francechin erzeugt individuellen Silber- und Goldschmuck mit Lavasteinen. Im Obergeschoss lässt sich die **Malerin Itziar Alvarez [6]** von der Insellandschaft zu ihren Werken auf Leinwand und Holz inspirieren. Eine bunte Mischung aus verschiedensten Handwerksarbeiten wie Flechtarbeiten, Stickereien und Tongefäßen rundet das Angebot ab.

Keramik Mo- Fr 9-14 Uhr, Malerei Di- Fr 9-15 Uhr, Juwelier Mo- Fr 9-14 Uhr, Leder Mo- Fr 8-14.30 Uhr, ⌂ Calle la Longuera, 35520 Haría

Samstags finden Sie alle Künstler auf dem Kunsthandwerkermarkt Mercado Artesanal in Haría von 10-14.30 Uhr. Tipp: Besuchenswert ist der danebenliegende Markt Mercado Municipal de Abastos. Angeboten werden Bioprodukte, frische Torten und Gebäck, Fisch, Fleisch, Obst und Gemüse. Die Tapasbar mit einheimischer Küche ist ein beliebter Anlaufpunkt für Insulaner und Polizisten der örtlichen Policia Municipal, die hier eine Mittagspause einlegen.

Biotienda- Bioladen Mo-Sa 9-15 Uhr, Dulceria- Süßwaren Mo-Sa 10-16 Uhr, Pescados y Mariscos- Fischladen Do-Sa 9-14 Uhr, Carnes Frescas- Fleischwaren Do-Sa 9-14 Uhr, Frutas y Verduras- Obst und Gemüse Mo-Sa 9-14 Uhr. Die Tapasbar ist von Montag bis Samstag von 9-16 Uhr geöffnet.

22.10 Exposición de Arte- Kunstausstellung El Aljibe

Direkt vor dem Rathaus Ayuntamiento de Haría liegt der kleine Platz **Plaza de Constitución [7]**, unter dem sich wechselnde Kunstausstellungen befinden. Der Name "El Aljibe" heißt übersetzt Wasserzisterne. Auf Lanzarote war Wasser schon immer ein knappes Gut, da weder Grundwasser noch Quellen existieren. Im Jahr 1937 wurde der wohlhabende Kaufmann Emilio Rodríguez von der Gemeinde aufgefordert eine Wasserzisterne für die arme Bevölkerung des Dorfes Haría zu bauen. Im Jahr 2000 spielte die Aljibe aufgrund der guten Wasserversorgung auf der Insel keine Rolle mehr und wurde in eine Ausstellungshalle umgewandelt. Nach der Modifizierung des alten "Wassertanks" erstrahlt der 200 qm große Ausstellungsraum in einem neuen Licht.

⊕ Mo-Fr 9-13, 17-19 Uhr, Sa 9-19 Uhr, So 10-16 Uhr, 🎸frei, ⌂ Plaza de la Constitución,1 -35520 Haria

22.11 Centro de Artesanía- Yaiza

Das **Kunsthandwerkerzentrum [8]** liegt auf dem Weg zu den Feuerbergen im Süden der Insel. Neben einem Café, Souvenirshops und gefertigter Kleidung im Afrika- Look, ist das Atelier Sandra hervorzuheben. Die Künstlerin fertigt individuellen Schmuck aus getrockneten Stiefmütterchen an.

⊕ Mo-Fr 10-18 Uhr, Sa 10-17 Uhr, ⌂ Calle Vista de Yaiza,32-35570 Yaiza

23   Ausgewählte Entdeckungstouren

23.1 Faszinierende Aussichtspunkte

Auf Lanzarote gibt es einzigartige Aussichtspunkte, von denen Sie bei klarem Wetter fantastische Ausblicke genießen und wunderschöne Fotos schießen können.

Mirador del Rio [1]: Aus dem Café und von der Aussichtsplattform blickt man auf die Insel La Graciosa.

In Guinate, am Ende es Ortes, kann man kostenfrei erneut seinen Blick über La Graciosa schweifen lassen. Die hübsche **Kachel [2]** auf der Mauer mit der Aufschrift "Dejate Llevar" heißt übersetzt "Lass dich mittragen". ⌂ LZ-201>Guinate- Calle La Majadita- 35541 Guinate

Gran Hotel Arrecife Stadt: In der 17. Etage des Grandhotels befindet sich ein öffentliches Café, mit **Weitsicht über Arrecife [3]**, bis hin zu Puerto del Carmen und Fuerteventura. ⌂ Calle Islas Canarias- 35500 Arrecife

Die Kirche **Ermita de Las Nieves [4]**: Einmaliges Panorama über die gesamte Insel bis Fuerteventura. ⌂ LZ-10>ausgeschildert Las Nieves> Calle Gadifer de la Salle- 35539 Teguise

Piratenmuseum- **Museo de la Pirateria [5]** in Teguise: Grandiose Aussicht über Teguise und die gesamte Insel bis Fuerteventura. ⌂ Castillo de Santa Bárbara- 35530 Teguise

Femés [6]: Bei klarer Wetterlage blickt man von der Aussichtsterrasse auf Playa Blanca bis auf die weißen Strände von Corralejo auf Fuerteventura, mit der davor gelagerten Insel Los Lobos. Für Fotos wie in der Karibik, sollten Sie nach La Graciosa übersetzen. LZ-702, Plaza de San Marcial- 35570 Femés

Antigua Rofera-**Lavasteinbruch** **[7]**: Die bizarren Lavasteinformationen in Teguise eignen sich als Hintergrundkulisse für unvergessliche Fotos.
LZ-1> LZ-1A> LZ-404

Übrigens: Leider kann man auf Lanzarote nie sagen, wann es die beste Zeit ist, um schöne Fotos zu machen. Frühjahr und Herbst sind aus Erfahrung die besten Jahreszeiten, um Fotos von Aussichtspunkten zu machen. Jedoch kann die Wetterlage auch in diesen Monaten unbeständig sein. Starke Winde können das ganze Jahr über auftreten und nach einigen Stunden die Wolken wegblasen, sodass ein strahlend blauer Himmel erscheint. Aber bei "Calima" spricht man auf Lanzarote von einem diesigen Wetter, das staubigen und sandigen Wind aus Afrika auf die Insel bringt. In den Sommermonaten ist es meistens bis mittags bewölkt und es kommt oftmals zu einem leichten Nieselregen, der aber nur kurz andauert. Die Landschaft ist dementsprechend in monotonen braunen Tönen gehalten. Nach üppigen, aber kurzen Regenfällen in den Spätherbstmonaten, erstrahlt Lanzarote in einem satten Grün mit Blümchen.

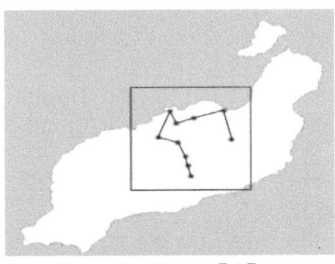
Nordwest- Tour [1]

Monumento al Campesino [2]

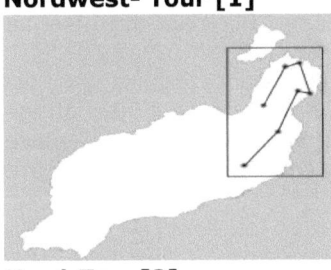
Nord-Tour[3]

Caleton Blanco [4]

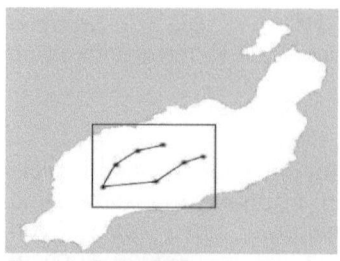

Feuer-Tour[5]

La Geria [6]

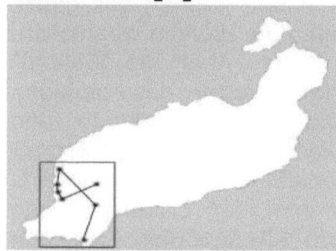

Süd-Tour[7]

Papagayo- Strände [8]

23.2 Der Nordwesten

Die **Nordwest- Tour [1]** startet in der geografischen Inselmitte in San Bartolomé am **Monumento al Campesino [2]**.

Sie fahren Richtung Tinajo durch die Dörfer Mozaga, Tao und Tiagua. In Tiagua besteht die Möglichkeit das Bauernmuseum Museo Agricola El Patio zu besuchen.

Von Tinajo aus geht es Richtung La Santa weiter, wo sich der gleichnamige Sport- und Freizeitclub befindet.

Auf dem Rückweg fahren Sie über El Cuchillo und Soo bis zur Caleta de Famara, einem Fischerdorf, an dem Sie am Strand Wellenreiter beobachten können und einen wunderschönen Blick auf die Insel La Graciosa haben.

Steuern Sie auch die ehemalige Inselhauptstadt Teguise an, die durch ihre pittoreske Altstadt besticht und auf eine 500- jährige Geschichte zurückgreifen kann. Auf dem Vulkanberg über Teguise liegt das Castillo Santa Barbara, von dem Sie eine wunderbare Weitsicht über die ganze Insel genießen.

23.3 Der kontrastreiche Norden

Die **Nord- Tour [3]** Richtung Órzola startet in der Ortschaft Tahiche, in der sich die Fundación César Manrique, das berühmte Haus mit den unterirdischen Lavablasen, befindet. Von hier aus fahren Sie auf die LZ-1 Richtung Orzola. In Mala können Sie das neue Cochenillen-Museum besichtigen. In Guatiza kann der Kakteengarten Jardín de Cactus besucht werden.

Über die Ortschaften Mala und Arrieta führt der Weg Richtung Orzola-Jameos del Agua. Hier haben Sie die Möglichkeit sowohl die Jameos del Agua, die Höhle mit den kleinen weißen Albino- Krebsen, als auch die Cuevas cueva , die sich etwas weiter oberhalb befindet zu besichtigen.

Auf der Weiterfahrt geht es an der Küste entlang, durch das Malpais de La Corona, dem grünen Herzen Lanzarotes. Die Landstraße führt vorbei an wunderschönen Buchten, von der die letzte, der **Caleton Blanco [4]** zu den schönsten der Insel zählt.

23.4 Die vulkanisch feurige Mitte

Die **Feuer- Tour [5]** startet in der geografischen Inselmitte in San Bartolomé, am Monumento al Campesino, in dem sich das Bauernmuseum befindet. Von hier geht es Richtung Masdache, mit Ziel **La Geria [6]**, das einzigartige Gebiet, das sich durch seinen traditionellen Weinanbau auszeichnet.

Die Landstraße endet in Uga, von wo Sie Richtung Yaiza mit Ziel auf den Nationalpark Parque Nacional de Timanfaya fahren.

Vorbei am Kamelruheplatz Echadero de Camellos mit der Möglichkeit zu einem Kamelritt führt die Straße direkt zum Nationalpark.

Auf der Weiterfahrt Richtung Tinajo, liegt das Besucherzentrum, das Centro de Visitantes, mit audiovisuellen Vorführungen und einem Steg, der in die schroffe Vulkanlandschaft des Timanfayagebietes führt.

Von hier aus steuern Sie Mancha Blanca mit der Ermita de Los Dolores, der Schutzheiligen der Insel, an. Abschließend, Richtung La Geria kommen Sie am Ende der Landstraße, die durch die wunderschöne Vulkanlandschaft führt, zurück in den Norden Richtung Monumento al Campesino, oder in den Süden Richtung La Geria.

23.5 Die Südküste

Süd- Tour [7]: Sie fahren die südliche Landstraße LZ-2 Richtung Yaiza, durch das Dorf der gleichnamigen Gemeinde, das sich durch seine weiße und gepflegte Architektur auszeichnet. Von hier steuern Sie das einzigartige Küstenensemble an: Die Salinas de Janubio, Los Hervideros, El Lago de los Clicos und den Fischerort El Golfo.

Im äußersten Süden befindet sich Playa Blanca, mit den berühmten **Papagayo- Stränden [8]**.

Auf dem Rückweg fahren Sie über Femes, um einen schönen Blick über den Süden der Insel bis auf Fuerteventura zu genießen. Auf der Weiterfahrt geht es über Las Casitas de Fémes wieder zur Hauptachse LZ- 2, die in alle Richtungen führt.

23.6 Wanderung Montaña Colorada

An der LZ- 56 Richtung Timanfaya stehen nach kurzer Fahrstrecke beidseitig 2 **Steinmauern [1]** mit der Aufschrift Municipio de Tinajo. Hier folgt man dem Straßenverlauf Richtung Timanfaya.
Zur Orientierung, der **Montaña Colorada [2]** ist der zweite Vulkan auf der rechten Straßenseite. Am Straßenrand befindet sich ein kleines weiß- grünes Schild mit der Aufschrift LZ- 56 KM 4. Kurz danach folgen eine stationäre Radaranlage, eine Kurve und ein Überholungsverbotsschild. Sofort danach kann man rechts von der Straße auf einen Ascheplatz einbiegen und parken.
Nun kann die Umrandung starten, ein schöner Fußmarsch von 45 Minuten durch eine beeindruckende Landschaft. Der Schwierigkeitsgrad ist niedrig, da der Weg fast eben um den Vulkankegel verläuft. An 15 interessanten Punkten befinden sich Tafeln, die zusätzliche Informationen auf Deutsch bieten.
Nach kurzer Zeit entdecken Sie warum der Vulkan "Vulcano Colorado" = "farbiger Vulkan" seinen Namen trägt: Sie treffen auf eine rotglühende Vulkanlandschaft, die man auf der Vorseite nicht erwartet hätte.
Hier befindet sich ein riesiger **Monolith [3]**, der bei den Ausbrüchen des Timanfayas 20 km weit bis an diese Stelle geflogen ist.
Übrigens: Die funkelnden Olivinsteine finden Sie direkt in dem großen Feld vor dem Parkplatz. Es ist nicht ausdrücklich verboten Steine mitzunehmen, man sollte es jedoch bei kleineren Exemplaren belassen und diese in den Koffer und nicht ins Handgepäck einpacken. ⌂ LZ-30, km15> LZ-56> nach km 4 vor der Rechtskurve

23.7 Wanderung Montaña del Cuervo

Der Montaña del Cuervo befindet sich an der LZ- 56, Richtung Timanfaya Nationalpark. Nach kurzer Fahrt folgen 2 **Lavasteinmauern [1]** mit der Aufschrift Municipio de Tinajo. Kurz danach liegen auf der rechten und linken Seite, auf geglätteten Ascheplätzen die Parkmöglichkeiten. Nun folgen Sie dem Trampelpfad, der an den Rändern mit Steinen gekennzeichnet ist.
Der **Weg [4]** wird nach etwa 10- minütiger Gehzeit von Aufstellern des Nationalparks in deutscher Sprache dokumentiert.

Es folgt ein schöner Spaziergang durch eine faszinierende **Landschaft [5]** zum Vulkan bis in den **Krater [6]**.
Aus dem Krater heraus, besteht nun die Möglichkeit nach rechts, zum Parkplatz zurückzugehen, oder nach links zu laufen, um den Vulkan zu umrunden.
Die Mini- Wanderung dauert, sofern Sie auch um den Vulkan gehen, etwa 1,5 Stunden. Einfacher Schwierigkeitsgrad, jedoch sollte man geschlossene Schuhe tragen, da der Weg teils geröllartig ist.
Tipp: Verbinden Sie diese Wanderung mit dem Montaña Colorada, der sich, zum Greifen nahe, fast gegenüber befindet. ⌂ LZ-30, km15> LZ-56> zwischen km 4 und 5

23.8 *Vulkan Monte Corona- Blick in den Krater*

Im Norden befindet sich der höchste Vulkan, der Monte Corona mit 609 m. Werfen Sie einen Blick in den **Krater [7]** und schießen außergewöhnliche Fotos. Der Weg ist nicht ausgeschildert. Er startet im kleinen Ort Ye und befindet sich an der LZ- 10 zwischen Guinate und dem Mirador del Río, genauer gesagt, zwischen Kirche und Restaurant, direkt neben dem Haus mit der Nummer 18.
Am einfachsten parken Sie vor der kleinen Kirche und gehen die Straße Richtung Mirador del Río zu Fuß. Nach dem ersten Haus auf der rechten Seite befindet sich ein großes Weinanbaufeld. Die Straße wird auf der rechten Seite etwas breiter, die Straßenmarkierung ist hier gestrichelt. Nun sieht man ein gelb- weißes Straßenschild mit der Aufschrift LZ-201 KM 4, dahinter befindet sich ein Müllcontainer. Direkt dahinter rechts Feld ein, beginnt der **Weg [8]**.
Er führt vorbei an halbrunden Steinmauern, in denen mittig Wein angepflanzt wird, an Metallstäben, an deren Spitzen leere Plastikflaschen hängen, verwilderten Steinmauern, immer weiter hoch, bis zum Krater. Je weiter Sie nach oben kommen, umso steiniger wird der Weg. Für den Aufstieg werden etwa 30 Minuten benötigt, der Rückweg dauert ebenso lange.
Zur Richtungsorientierung können Sie sich an die große Palme halten. Sie genießen einen wunderbaren Blick über die Küste und sehen gegenüber in der Ferne den Mirador del Río, der an den davor parkenden Autoschlangen zu erkennen ist.
Empfehlung: Tragen Sie unbedingt festes Schuhwerk, da der Weg im oberen Teil sehr felsig ist.

24 Käsereien- Queserías

Auf Lanzarote hat die Käseproduktion eine lange Tradition. Den handgemachten Ziegenkäse kann man in den Käsereien vor Ort und auf Wochenmärkten kaufen.

24.1 Käserei El Faro

Die **Queseria El Faro [1]** befindet sich im Norden der Insel, Richtung Teguise, an der LZ- 30. Parallel zur Hauptstraße, hinter einer hohen Mauer, entdecken Sie die unzählig vielen Ziegen, die die Milch für den Käse liefern.
Der Hof der Firma ist sehr schlicht gehalten und im winzigen Verkaufsladen steht eine überschaubare Käsetheke.
Zu den angebotenen Produkten gehören Ziegenfrischkäse, junger, mittelalter und reifer Ziegenkäse jeweils in den Sorten Natur, Paprika und Gofio sowie geräucherter Ziegenkäse.
Im Jahr 2014 bekam El Faro bei dem offiziellen kanarischen Käsereien- Wettbewerb, die Goldmedaille für ihren geräucherten Ziegenkäse.
❂ Mo-Fr 8-15, Sa 8- 13Uhr, ⌂ LZ-30, zwischen km 8 und 9

24.2 Käserei Rubicón

Die **Queseria Rubicón [2]** befindet sich in Femés, im Süden der Insel. Sie liegt unterhalb der kleinen Kirche des Ortes und ist im Kreisverkehr ausgeschildert.
Angeboten werden Ziegenfrischkäse, gereifter, geräucherter Ziegenkäse, sowie Käse mit Oregano, Gofio und Paprikapulver. Neben der Kassentheke befindet sich eine Auswahl an Käsesorten, die probiert werden können.
❶Die Besonderheit an der Käserei Rubicon: Es besteht die Möglichkeit den Käse Vakuum verpacken zu lassen, um ihn nach Deutschland mitzunehmen. Täglich frisch werden Ziegenmilch und Ziegenjoghurt angeboten. Übrigens: Gegenüber der Käserei befindet sich ein Vulkanberg, auf dem die hauseigenen Ziegen herumlaufen.
❂Mo-Fr 10-19, Sa+So 10-15 Uhr, ⌂ 35570 Femés

25 Bodega Los Almacenes/ Mama Trina

Die **Bodega Los Almacenes [3]** befindet sich an der LZ-1 Richtung Mirador del Río, im Norden der Insel. Einige Kurven nach dem auffällig großen, gelben Haus auf der linken Seite, führt ein Weg direkt zu Los Almacenes.

Im **Verkaufsraum [4]** werden neben Wein und Likören auch die bekannten Mama Trina Marmeladen und Mojo- Soßen zur Verköstigung und zum Kauf angeboten. Fast alle Produkte stammen aus eigener Herstellung.

Die "Mama Trina" Produkte, die nach alten Familienrezepten hergestellt werden, sind auch in vielen Supermärkten und auf den Wochenmärkten erhältlich.

Tipp: Insbesondere die Marmeladen und Mojosoßen sind ein tolles Mitbringsel für die Daheimgebliebenen. ☻Tägl. 11-18 Uhr, ⌂ LZ-1

26   Deutsche Bäckerei Andy Brot- Panadería Andy Brot

Durch die grüne Eingangstür geht es unmittelbar in die Backstube. Es riecht herrlich lecker nach frischem Gebäck, Brötchen und Brot. Das besondere an dem Brot ist, dass es aus Vollkornmehl ohne Backmittel hergestellt wird und weder Enzyme noch Hilfsmittel enthält. Bei **Andy Brot [5]** wird der Teig mit einem 4- stufigen Natursauerteig aus Roggenvollkornmehl angesetzt. In abwechselnd kühle (kräftiger Geschmack) und später warmer Umgebung (Hefebildung) wird dem Natursauerteig 48 Stunden Zeit zur Fermentierung gegeben. Das macht ihn milder als schneller hergestellte Teige (mancher Sauerteig bekommt nur 3- 5 Stunden Zeit zur Reife) und weitaus wohlschmeckender und bekömmlicher als „Natursauerteige" aus künstlichen Teigsauermitteln, den sogenannten „Kunstsauern". Dann werden Vollkornmehl, Wasser und ein wenig Salz zugegeben und der Teig bereitet, der nochmals mehrere Stunden ruht. Seit Gründung des Unternehmens im Jahr 2003, wird eine Restmenge als Grundlage für den nächsten Sauerteig abgenommen.

Angeboten werden: Roggenvollkornbrot (Haferflocken), Roggenkörnervollkornbrot, Roggenkörnernussbrot, Dinkelvollkornbrot (zusätzlich mit Sonnenblumen- oder Kürbiskernen), Bauernbrot (ebenfalls mit Sonnenblumen- oder Kürbiskernen), großes Roggenkörnernussbrot, Bauernbrot, glutenfreies Brot, Kastenweißbrot, weißes Baguette, Körnerbaguette, Überraschungsbaguette, Ciabatta, Körnerbrötchen, Dinkelvollkornbrötchen, Laugenbrötchen, Laugenbrezel, Croissant, Schokocroissant, Schinkenkäselaugenstange, Rosinenschnecke, Rosinenbrötchen, Müslistange, Hefezopf und Kuchen in den Sorten Kirsche, Apfel, Zwetschgen, Käse und Zwiebel.

☻Fr+Sa 7-12 Uhr, ⌂ Calle Gabriel Diaz, 9- 35572 Tias

27 Lanzarote Aquarium- Costa Teguise

Das **Aquarium [6]** befindet sich im Centro Comercial El Trébol in Costa Teguise.

Durch den Souvenirshop geht es abwärts in die Unterwasserwelt mit 33 Aquarien mit einem Gesamtvolumen von 1000 cbm. Der Rundgang ist in 3 Themen aufgeteilt: Kanarische Küsten, tropische Riffe und offenes Meer. In den unterschiedlich groß angelegten Aquarien trifft man unter andrem auf folgende Meeresbewohner: Brassen, Seeigel, große Tigerfische, Muscheln, Schnecken, Seesterne, Kois, Moränen, Krebse, Doraden, Seeigel, Lobster, Oktopusse, Rochen, Katzenhaie, "Nemo", im Sand getarnte Fische, Anemonen, Stachelfische und kleine Haie.

Wenn Sie durch den kleinen Tunnel des Aquariums gehen, sind die Haie zum greifen nah.

Bemerkenswert ist das Umweltschutzprogramm, das das Aquarium bezüglich der Schildkröten unterstützt: "…Das Aquarium Lanzarote nimmt am Programm zum Erhalt und Schutz der Caretta Schildkröten teil, unterstützt vom Gemeindeamt für Umweltschutz. Ziel des Projektes ist der Artenerhalt dieser Schildkröten, die vom Aussterben bedroht sind. Die Schildkröten im Aquarium wurden schwer verletzt im Meer aufgefunden. Nach lebensrettenden Operationen und Heilung aller Verletzungen wurden diese Tiere in unseren Installationen aufgenommen, um ihnen eine artgerechte Reha zu ermöglichen, um sie dann wieder in ihr natürliches Umfeld, dem offenen Meer, zu integrieren. Nur die Tiere, die aufgrund schwerster Verletzungen im offenen Meer nicht mehr überleben könnten, bleiben im Aquarium."

ⓘFür Aquarienfans und Kinder sehenswert. In maximal 35 Minuten ist der Rundgang beendet und man befindet sich am Ausgang.

🕑Tägl. 10-18 Uhr, 🍴14 €, Kinder 4-12J. 9€, ⌂ Calle Las Acacias, 35508 Costa Teguise

28 Aquapark Costa Teguise

Der **Aquapark [7]** ist von Anfang April bis Mitte November geöffnet und bereits in die Jahre gekommen. In der Hauptsaison ist es mehr als schwer eine Liege zu finden, an den Rutschen muss Ausdauer beweisen werden. Sie sind ab einem Körpergewicht von über 100 kg nicht mehr zugelassen.

ⓘ Aus Costa Teguise ist er fußläufig oder mit einem Taxi zu erreichen. Gegen eine Gebühr von 4€ wird ein Shuttle- Service von und nach Puerto del Carmen und Playa Blanca angeboten. Mehr Infos unter: www.aquaparklanzarote.es

☻ In der Saison tägl. 10-18 Uhr, 🕴 23,5€, Kinder 4-12J. 17€, ab 15 Uhr 17€ bzw. 13€, ⌂ Avenida el Golf,315- 35508 Costa Teguise

29   Aqualava Playa Blanca

Der **Wasserpark Aqualava [8]** ist ganzjährig geöffnet. Er bietet mit 5 Wasserrutschen, einem Strömungskanal, einem Wellenbecken, einem Kinderspielbereich und einem Restaurant die Möglichkeit einen schönen Tag zu verbringen. Die Becken werden mit Erdwärme geheizt.
🛈Neben Tagestickets werden 1- und 2 Wochen Abos an der Kasse vergünstigt angeboten. Mehr Infos unter: www.aqualava.net
☻ Tägl. 10-17 Uhr, 🕴 21€, Kinder 14,5€, Abo 1 Wo. 55 bzw. 45€, Abo 2 Wo. 75 bzw. 60€, ⌂ Calle Gran Canaria- 35580 Playa Blanca

30   Hop On- Hop Off Arrecife

Um sich eine kleine Übersicht der Inselhauptstadt Arrecife und die nähere Umgebung zu verschaffen, steigen Sie in die Bimmelbahn mit dem **Hop On Hop- Off [1]** Prinzip beliebig oft ein und aus.
Das Unternehmen City Sightseeing Arrecife bietet 2 Touren mit 16 Haltestellen an, die an einem Tag mit dem Ticket genutzt werden können. 🛈 Der Ein- und Ausstieg kann beliebig oft erfolgen, der Fahrpreis wird einmalig bei Fahrtantritt fällig. Sie erhalten einen Stadtplan sowie Kopfhörer, die während der Rundfahrt interessante und aufschlussreiche Informationen zu den Sehenswürdigkeiten der Tour bieten. Inkludiert ist der Eintritt in das Castillo San José und in das Archälogiemuseum, sowie ein "Geschenk" in der Marina Lanzarote und ein Tapa mit Getränk am Charco de San Gínes.
Mehr unter: www.city-ss.es/en/destination/arrecife/
☻Tägl. 10-16 Uhr, Start: 10 Uhr vor dem Castillo San Gabriel an der Einmündung zur Haupteinkaufsstraße Castillo Leon y Castillo in Arrecife,
🕴12€, Kinder 7-12J. 6€, 3-7J. 4€.

31   Líneas Romero- Puerto del Carmen <> Puerto Calero

Die Gesellschaft Líneas Romero bietet einen Schiffsauflug mit dem **Express Waterbus [2]** zwischen Puerto del Carmen nach Puerto Calero und umgekehrt an. Sie können sich an Deck in die Sonne setzen und den tollen Ausblick auf die schroffe Lavaküste der Insel genießen. Bei einem kurzen Zwischenstopp werden die Luken des Bootes geöffnet, um sich die Unterwasserwelt vor der Küste anzusehen.

In beiden Häfen können Sie an Land gehen und den Ort erkunden, oder die umfangreiche Gastronomie erleben. ① Die Tickets sind jeweils im alten Hafen von Puerto del Carmen direkt im Office von Lineas Romero oder am Ende des Hafens von Puerto Calero im Ticketshop erhältlich. Leider ist der Ausflug für Personen die schnell seekrank werden nicht zu empfehlen, da das Schiff beim Auslaufen aus den Häfen leicht wackelt. Mehr unter www.lineasromeros.com
⊙Abfahrt: <u>Puerto Calero> Puerto del Carmen:</u> 10>11.15>12.45> 14.15>15.45 Uhr, Abfahrt: <u>Puerto del Carmen> Puerto Calero:</u> 10.30> 12.00> 13.30> 15.00> 16.30 Uhr, einfache Fahrt 8€, Kinder von 2-11J. 6€, Hin-und Zurück 12€ bzw. 7€.

32 Pardelas Park- Pardelas Restaurant

Der **Pardelas Park [3]** ist ein kleiner Streichelzoo und liegt im Norden von Lanzarote.
An der Kasse bekommen Sie einen gefüllten Plastikeimer **[4]**, um die Tiere zu füttern. Sie sehen Hasen, Hühner und Hähne, Pfauen, Enten und Küken, Hängebauchschweine, Ponys, Pferde, Esel und Ziegen. Faszinierend ist wie gut alle Tiere die Eimer kennen. Sobald Sie den Eimer auf den Boden stellen bedienen sich die Enten selbst. Die Pferde und der Esel scharren mit den Hufen. Wenn Sie die Ziegen nicht umgehend füttern werden Sie angesprungen.
In der Anlage befindet sich ein großer Spielplatz mit Rutschen und Schaukeln. Kinder haben die Möglichkeit auf einem Esel zu reiten und zu töpfern. ①Zu der Anlage gehört das Restaurant Las Pardelas indem seit dem Jahr 2012 der Schweizer Koch Viktor Spillmann die Verantwortung für die Gastronomie mit kanarischer Küche übernommen hat. Der Park ist besonders für Eltern mit kleinen Kindern geeignet und Unternehmenslustigen, die Tiere mögen.
⊙Tägl. 10-18 Uhr, ⌂ LZ- 203> Beschilderung Zoo Granja Recereativa> Calle la Quemadita, 88- 35541Orzola

33 Rancho Texas Park

Der Rancho Texas Park in Puerto del Carmen ist eine Kombination aus Zoo und kleinem Wasserpark mit Rutschen. Zu den neuen Attraktionen zählen inzwischen auch **Pinguine [5]** und eine **Delphinshow [6]**. Auf der pittoresken Route durch den Park können Sie alle Tiere beobachten. Zu keiner Zeit kommt das Gefühl auf, dass die Tiere eingesperrt sind. Hervorzuheben ist, dass der Zoo Tiere aus gequälter Gefangenschaft aufgenommen hat, die hier gepflegt werden und ihren Lebensabend verbringen.

Ausgewachsene weiße Tiger und Pumas, die in kleinen Zirkus-Metallkäfigen gehalten wurden, haben im Park ein großes Gehege erhalten. Auch die Pinguine aus dem geschlossenen Tierpark in Guinate fühlen sich in den neuen Installationen der Anlage sichtlich wohl.

Im Park werden 5 verschiedene Shows gezeigt:

10.45> Papageien- 1. Vorstellung
11.30> Delfine- 1. Vorstellung
12.10> Lasso-Show- einzige Vorstellung
12.30> Seelöwen- 1. Vorstellung
13.00>Adler- 1. Vorstellung
13.30> Papageien- 2. Vorstellung
13.45> Delfine- 2. Vorstellung
14.30> Seelöwen- 2. Vorstellung
15.00> Adler- 2. Vorstellung
16.00> Papageien- 3. Vorstellung

❶ Die Lasso- Show findet im riesigen Fastfood- Restaurant statt. Insbesondere Eltern mit Kindern kommen auf ihre Kosten. Für die Kids stehen Spielplätze, Spielzonen, Westernwagen, Ponyreiten, sowie ein großes Erlebnisbecken im Wasserpark zur Verfügung. Weites unter: www.ranchotexaslanzarote.com
❶Shuttle-Bus in Puerto del Carmen gratis. Aus Costa Teguise und Playa Blanca gebührenpflichtig. ❂ Tägl. 9.30- 17.30 Uhr, 30€, Kinder bis 12J. 22€, LZ-40> ausgeschildert, Alcalde Cabrera Torres, 35510 Puerto del Carmen

34   Bodega La Querencia

Die privat geführte Bodega befindet sich im Weinanbaugebiet La Geria.

Der Inhaber **Señor Luciano [7]** baut mit seiner Familie in der 5. Generation Wein an. Auf 30.000 qm stellen sie jährlich 7-8000 Liter her. Im hinteren Teil der Bodega befindet sich eine abgemauerte Ecke, in der die Trauben mit den Füssen gestampft und dann in die Weinpresse gegeben werden. Der Saft wird anschließend gekeltert. Produziert werden Malvasia, Listán blanco und negro, sowie Moscatel.
❶Sie können die Weine verkösten, die bei Kauf vor ihren Augen abgefüllt und gekorkt werden. ❂ Mo-Sa 11-18 Uhr, ⌂ LZ-30, Carretera Uga, 35570 La Geria (Aus Richtung San Bartolomé kommend, ist La Querencia das erste Weingut auf der linken Seite vor der Bodega Rubicon. An der Straße weisen Schilder mit der Aufschrift "Vino- Wine" auf die Zufahrt hin.)

35 Telamon- Die Titanic der Las Caletas Bucht

Am 21.10.1981 lief das griechische **Frachtschiff Telamon [8]** in San Pedro an der afrikanischen Elfenbeinküste mit Kurs auf die Hafenstadt Thessaloniki aus. Die Fracht bestand aus Baumstämmen und Brennstoffen. Als sich das Schiff fast 6 Wochen später am 31.10.1981 in der Meeresenge La Bocaina zwischen Lanzarote und Fuerteventura befand, richtete ein enormes Unwetter extreme Schäden am Frachtraum des damals fast 30- jährigen Frachters an. Der Kapitän rief den Notstand aus und der Frachter wurde an das Ufer der Las Caletas Bucht manövriert, um den Hafen von Los Marmoles nicht zu blockieren.

Den Baustämmen verlieh man seinerzeit keine weitere Beachtung, jedoch mussten 260 Tonnen Schweröl und 60 Tonnen Diesel vorsichtig und sorgfältig abgepumpt werden, um eine Ölkatastrophe zu verhindern.

Da der griechische Besitzer sein Frachtschiff aufgab, ein anderer Interessent sich aufgrund der geschätzten Kosten in Höhe von 100 Millionen Peseten, heute ca. 600.000 €, gegen Instandsetzung und Abtransport entschied, blieb die Telamon bis heute dort liegen. Während eines späteren Sturmes zerbrach der Frachter in 2 Teile, sodass man nur den Teil sehen kann, der sich über der Wasseroberfläche befindet.

Die Telamon war aufgrund ihrer Größe die große Attraktion der Lanzaroteños, die sich jedoch in eine Ruine verwandelt hat, die Badenden und Tauchern gefährlich wurde.

Der Präsident der Handelskammer José Torres war der erste, der Alarm schlug und in einem Schreiben an die Häfenbehörde auf den fatalen Zustand des Frachters hinwies. Im Jahr 2009 zog die Telamon letztmalig das Medieninteresse auf sich. Es handelte sich um die Fracht des Schiffes. Die Baumstämme, die fast 30 Jahre an Land lagen, dort der Witterung ausgesetzt waren und nur knapp einer Vernichtung durch Feuer entgingen, wurden von dem spanischen Stadtplaner José Maria Pérez Sánchez als große Skulptur im Kreisverkehr am Las Cucharas Strand in Costa Teguise in Szene gesetzt. Nach einem Unwetter im September 2016 wurde die Skulptur ersatzlos entfernt. Zudem wurde im gleichen Monat ein Tauch- und Campingverbot für den Abschnitt rund um die Telamon verhängt, das bis heute noch anhält.

36 Anti- Langeweile- Aktivitäten

Sie haben Langeweile und schon alles Sehenswerte besichtigt? Auch wenn Lanzarote doch eher klein zu sein scheint, finden sich hier mehr

Möglichkeiten als man erahnen würde. Angefangen vom Wassersport über Safaris und Wanderungen bis hin zum Casinobesuch bieten sich unzählige Alternativen zum Pool. Um sich einen Überblick über das Gesamtprogramm zu verschaffen, suchen sie am besten ein Touristeninformationsbüro auf, das sich in jedem Urlaubsort befindet. Hier liegen alle aktuellen Flyer aus und auf Nachfrage werden Sie über aktuelle Feste und Veranstaltungen informiert.

37 Lanzarote mit Kindern

Besonders empfehlenswert:
* Hop- on Hop- Off Arrecife- Sightseeing mit der Bimmelbahn
* Rancho Texas Park- Tier- Shows und Badespaß
* Flughafenmuseum- Nostalgie zum Anfassen
* Pardelas Park- Streichelzoo und Tierfütterung
* Caleton Blanco- Sonnen und Baden in einer Lagune
* Wasserparks- Costa Teguise und Playa Blanca
* Bauerndorf im Monumento al Campesino- Kreative Workshops
* Aquarium Costa Teguise- Fischwelt zum anschauen
* Asociación Milana- Bilder malen mit Cochinellinenfarbe

38 Allgemeine Informationen Kanaren

Apotheken
* Apotheken gibt es in allen größeren Ortschaften. Im Gegensatz zu Deutschland bekommen Sie sehr viele Medikamente hier auch rezeptfrei und deutlich günstiger.

Badesicherheit
* Jedes Jahr sterben auf den Kanaren Menschen beim Baden! Beachten Sie unbedingt, dass der Atlantik in den kanarischen Gewässern äußerst gefährlich ist. Starke Strömungen, Unterströmungen und plötzlich auftretende Wellen mit starker Sogwirkung sind keine Seltenheit. Selbst erfahrene Profischwimmer haben bereits durch Unachtsamkeit ihr Leben verloren. Sobald die rote Flagge gehisst wird, gilt absolutes Badeverbot. Gehen Sie auf keinen Fall ins Wasser, nur weil bereits schon ein paar Leute baden. Bei gelber Flagge wird bereits empfohlen sich nur im strandnahen Bereich aufzuhalten. Wenn Sie Zeuge eines Badeunfalls werden, schwimmen Sie auf keinen Fall hinterher. Informieren Sie, wenn vorhanden die Rettungsschwimmer an den bewachten Badesträndеn, ansonsten rufen Sie die 112 an. Sie können den Vorfall auch in Deutsch melden.

Banken und Geld

- In allen größeren Ortschaften gibt es Banken bzw. Bankautomaten. Bei Abhebung mit einer Geldkarte fallen allerdings teilweise hohe Gebühren, wie überall im Ausland an. Am besten haben Sie einen kleinen Vorrat an Bargeld mit dabei und zahlen allen weitern Beträge mit einer Kreditkarte.

Bus / Öffentlicher Verkehr

- Die öffentlichen Busse auf den Kanaren werden Guaguas genannt und verkehren regelmäßig zwischen allen größeren Ortschaften. Die Abfahrtszeiten finden Sie direkt an den Bushaltestellen (Paradas). Die Busfahrtkarten sind auf den Kanaren recht günstig.

Diebstahl

- Die Quote von Verbrechen ist auf den Kanaren sehr gering, aber natürlich gibt es auch hier "schlimme Finger". Lassen Sie daher bitte nichts von Wert offen und sichtbar liegen. Im Falle eines Diebstahls oder Verbrechens können Sie mit 112 direkt die Polizei anrufen. Um in Deutschland die Ansprüche bei ihrer Versicherung geltend machen zu können, müssen Sie sich ein Polizeiprotokoll ausstellen lassen.

Einkaufen und Geschäftszeiten

- Auf den Kanaren gibt es keine festen Ladenöffnungszeiten. In touristischen Gebieten sind die Geschäfte oft durchgehend von morgens bis abends geöffnet. Auch sonntags haben diese Läden auf. In normalen Wohngebieten bzw. Großstädten gibt es oft die klassische Mittagspause zwischen 13-17 Uhr.

Feste und Feiertage

- Auf den kanarischen Inseln werden viele allgemeine und inseltypische Feste zelebriert. Auch einzelne Gemeinden auf jeder einzelnen Insel haben zusätzlich noch ihre lokalen Feste und Feiertage. Der Cannario feiert nun mal gerne. Im Gegensatz zu Deutschland werden Feiertage, die auf ein Wochenende fallen an dem darauffolgenden Montag gefeiert. Es empfiehlt sich je nach Insel und Gemeinde vorher im Internet mal zu Googlen. Die Feste sind oft sehr interessant, da diese mit ursprünglicher Kleidung und höchst traditionell gefeiert werden.

Fotografieren

- Es gibt keine besonderen zusätzlichen Regelungen. Wie aber überall auf der Welt sollten Sie die Polizei oder Bereiche des Militärs nicht filmen oder aufnehmen. Ansonsten heißt es gerne beim fotografieren "Feuer frei".
-

Gottesdienste / Messen

- Die kanarische Bevölkerung ist zum aller größten Teil katholisch und es gibt fast in jedem Dorfe eine Ermita oder Kirche. Die Öffnungszeiten sind jeweils an der Kirche ausgeschlagen, obligatorisch ist aber immer der Sonntagsgottesdienst zur Mittagszeit. Da viele baulich interessante Kirchen nur zu Messezeiten öffnen, empfiehlt sich durchaus der Besuch einer Messe.

Mietwagen

- Auf den Kanaren sind Mietwagen schon für einen günstigen Preis zu erhalten. In jedem Hafen, am Flughafen und auch in allen touristischen Orten gibt es Vermietstationen. Eine Reservierung ist auch bereits vorher über das Internet möglich.

Notfälle

- Die allgemeine Notfallnummer ist die 112 ohne Vorwahl! Hier spricht man auch Deutsch. Wenden Sie sich auch direkt an die Schiffsrezeption, dort sind Nummern von Ärzten, Botschaften, etc. bekannt.

Öffnungszeiten

- In den touristisch erschlossenen Gebieten, sind de Läden meist 7 Tage die Woche von morgens bis abends geöffnet. Auf den Kanaren existiert aber immer noch die klassische Siesta, so dass Geschäfte von 13-17 Uhr geschlossen haben. Da kein Ladenöffnungszeitengesetz wie in Deutschland existiert, werden sie immer einen Platz zum einkaufen und verweilen finden.

Sonne

- Achtung. Die Kanaren liegen nicht weit entfernt vom Äquator, so dass selbst im Dezember und Januar UV-Werte erreicht werden, die in Deutschland nur im Sommer vorkommen. Lassen sie sich auf keinen Fall von der Bewölkung am Himmel täuschen. Je nach Hauttyp empfiehlt sich also sowohl beim Landgang, wie auch auf dem Schiff Sonnencreme zu benutzen.

Zeitdifferenz

- Die Kanaren liegen in der westeuropäischen Zeitzone (Greenwich Mean Time bzw. GMT), während das spanische Festland oder auch Deutschland zur mitteleuropäischen Zeitzone gerechnet werden. Das bedeutet eine Stunde Zeitunterschied. Ist es in Deutschland beispielsweise 10.00 Uhr am Morgen, so zeigt die Uhr auf den Kanarischen Inseln 9.00 Uhr an.

Zoll

- Die Kanaren gehören politisch zur EU, aber haben seit dem Beitritt im Jahr 1983, bis heute ihren Sonder- Zoll-Status beibehalten. Die Mehrwehrsteuersätze und sonstigen Steuersätze sind geringer, dies führt aber auch dazu, dass die erlaubten zollfreien Einfuhrmengen nach Deutschland deutlich niedriger Ausfallen als gewohnt bzw. so wie eine Einreise aus dem EU-Ausland behandelt werden. Da sich die deutschen Zöllner dieser Sache sehr bewusst sind, sind Kontrollen bei der Rückreise wahrscheinlich und können bei Überschreitung der Freimengen zu hohen Strafen führen.
Empfehlung: halten Sie sich unbedingt an die erlaubten Einfuhrfreimengen. Den aktuellsten Stand können Sie über https://www.zoll.de/DE/Privatpersonen/Reisen/reisen_node.html erfahren.

39   Achtung! Badeunfälle

Erschreckend ist, dass jedes Jahr so unendlich viele Urlauber im Atlantik ihr Leben lassen müssen. Teils aus Unwissen, aber auch Überheblichkeit, da sie denken, gute Schwimmer zu sein. Unterschätzt werden die extremen Unterströmungen in diesem Teil des Atlantiks, die auch jeden Profi- Schwimmer zum Verhängnis werden. Nur innerhalb weniger Sekunden kann eine "lustige" Welle zur tödlichen Bedrohung werden. Auch in absoluter Strandnähe, kann sich das Meer schlagartig zurückziehen und eine Sogwirkung entwickeln, der selbst ein ausgewachsener Elefant nicht standhalten könnte. Bewachte Strände mit Rettungsschwimmern, die sich im Ernstfall in absolute Lebensgefahr begeben, um den Badegast zu retten, sind unumgänglich. Tragischerweise sind auch im letzen Jahr unzählige Ersthelfer Opfer des Atlantiks geworden. Im Schnitt verliert jede Woche ein Mensch in den Kanarischen Gewässern sein Leben. Laut der aktuellen Statistik aus dem Jahr 2019 zählen auch 3 Personen dazu, deren Leichen im Meer nicht mehr lokalisiert wurden.
Insgesamt waren es 57 Todesfälle durch Ertrinken im Jahr 2019:
Gran Canaria 20- Teneriffa 14- Lanzarote 10- Fuerteventura 10- El Hierro 1- La Gomera 1- La Palma 1
Nach Aktivitäten waren 63% der Ertrunkenen Badegäste, gefolgt von Fischern, Tauchern und Wassersportlern. Bei 75% der Ertrunkenen handelt es sich um Urlauber, darunter 84% Männer und 16% Frauen.

Sie kamen aus Deutschland, England, Frankreich, Italien, Norwegen, Schweden, Holland, Russland, Ungarn, Polen und der Schweiz.

40 Stichwwortvereichnis Index